Zu diesem Buch

«Dafür bist du noch zu klein», «Das erfährst du noch früh genug»: Am Ursprung von Geheimnissen, die das Leben einer Familie oft über Generationen belasten, stehen meist die «besten Absichten». Das Kind soll vor etwas geschützt werden, das seinen Eltern schmerzlich, beschämend, unsagbar zu sein scheint – und wird doch von dem Geheimnis, das es unbewusst ahnt, tief greifend geprägt.

Der Psychoanalytiker Serge Tisseron geht in diesem Buch einem Thema nach, das ebenso zeitlos literarisch wie aktuell brisant ist. Denn neben den «klassischen» Familiengeheimnissen wie Ehebruch, uneheliche Geburt, Inzest, Kriminalität oder Selbstmord eines Familienangehörigen gibt es längst neue Themen, über die in Familien der Mantel des Schweigens gebreitet wird: die Erfahrung des Holocaust etwa, aber auch künstliche Befruchtung, Aids, Arbeitslosigkeit.

Der Autor

Serge Tisseron, geb. 1948, wurde in Medizin und Psychologie promoviert; er arbeitet heute als Psychoanalytiker in Paris und lehrt an der Universität Paris VII. Er ist Autor zahlreicher Bücher, u. a. zur Psychologie der Scham und zur Bildsprache von Comics.

Serge Tisseron

DIE VERBOTENE TÜR

FAMILIENGEHEIMNISSE
UND WIE MAN MIT IHNEN
UMGEHT

Aus dem Französischen
von Inge Leipold

Rowohlt Taschenbuch Verlag

Veröffentlicht im Rowohlt Taschenbuch Verlag GmbH,
Reinbek bei Hamburg, Januar 2001
Copyright für die deutsche Ausgabe © 1998
Verlag Antje Kunstmann GmbH, München
Copyright der Originalausgabe «Secrets de famille mode d'emploi»
© Éditions Ramsay, Paris 1996
Für die deutsche Ausgabe vom Autor überarbeitet und erweitert
Copyright der Änderungen © Serge Tisseron, 1998
Umschlaggestaltung Cordula Schmidt
Satz Minion PostScript, PageOne
Gesamtherstellung Clausen & Bosse, Leck
Printed in Germany
ISBN 3 499 60839 1

INHALT

BEI DEM WORT «Familiengeheimnis» fallen einem als Erstes Extremfälle ein: Kinder von Eltern, die mit dem Gesetz in Konflikt gekommen sind, Kinder von Dieben, Mördern, Kriegsverbrechern, Kinder mit Vätern, von denen man nichts weiß, oder Kinder, die aus einer inzestuösen Beziehung hervorgegangen sind. Oder es handelt sich um Zerwürfnisse zwischen verschiedenen Zweigen einer Familie – häufig die Folge von Erbstreitigkeiten, deren eigentlicher Anlass oft längst in Vergessenheit geraten ist.

Der Medienrummel um die uneheliche Tochter François Mitterrands, von der die Öffentlichkeit erst kurz vor seinem Tod erfuhr, rückte zwei weitere Quellen von Geheimnissen ins Licht: Krankheit und außereheliche Beziehungen eines Elternteils. Als eine Mutter zusammen mit ihrem neunjährigen Sohn die Nachrichten ansah und sich über das Doppelleben des Präsidenten aufregte, meinte ihr Sohn lässig: «Das macht doch die Hälfte der Franzosen.» Das Pikante daran ist, dass der Vater dieses Jungen eine Geliebte hat; seine Frau weiß das und leidet darunter. Die Eltern haben jedoch beschlossen, es dem Jungen zu verheimlichen, «um ihm nicht wehzutun». Allerdings lässt seine Äußerung darauf schließen, dass er alles weiß: «Die Hälfte» seiner Eltern macht «das» tatsächlich – schließlich hat sein Vater eine Geliebte! Genau das ist das Paradoxe an Familiengeheimnissen: Oft wissen die Kinder, vor denen man sie verbirgt, sehr wohl Bescheid, müssen jedoch so tun, als hätten sie keine Ahnung. Aus dieser Beobachtung ergab sich der Plan zu vorliegendem Buch. Bei meinen Untersuchungen zum Thema Geheimnis und Scham wurde mir klar, dass die meisten Menschen, die ein Geheimnis hüten oder unter einem Geheimnis leiden, sich nie die Mühe machen werden, Hilfe bei einem Psychologen oder Psychotherapeuten zu suchen, so sehr haben sie sich daran gewöhnt, mit dieser Last zu leben. Oder sie machen sich selber etwas vor und glauben, die Entscheidung, nicht über dieses Geheimnis zu sprechen, sei ihre Privatangelegenheit. Doch Kinder, die mit einem Familiengeheimnis leben müssen, leiden meistens sehr darunter. Wenn Sie selber also ein solches Geheimnis hüten oder vermuten, Opfer eines Ihnen verschwiegenen Geheimnisses zu sein, dann sollten Sie dieses Buch lesen.

Aber woher soll man wissen, ob es in der eigenen Familie ein Geheimnis gibt? Ganz einfach: Man muss nur Fragen stellen! Wem? Das ist ziemlich egal. Es könnte ohne weiteres sein, dass Onkel, Tanten, Großeltern, Eltern, manchmal sogar die Geschwister Bruchstücke des Geheimnisses kennen, das Sie herausbekommen möchten. Je mehr Leute Sie also fragen, desto größer ist Ihre Chance, etwas zu entdecken.

Erwidert man Ihnen: «Ein Geheimnis? In unserer Familie gibt es keine Geheimnisse» oder, noch schlimmer: «Du machst mich noch verrückt mit deiner Fragerei!», dann können Sie sicher sein, dass ein Familiengeheimnis existiert und es noch lange dauern wird, bis Sie dahinter kommen.

Hält man Ihnen argwöhnisch entgegen: «Hat jemand so was angedeutet?» oder: «Was willst du damit sagen?», dann können Sie sicher sein, ein Familiengeheimnis existiert, und die Aussichten sind nicht schlecht, dass Sie herausfinden, worum es dabei geht.

Gibt man Ihnen zur Antwort: «Stimmt, ich habe auch gehört, dass es da ein Geheimnis gibt, aber ich habe keine Ahnung, was für eines», dann wissen Sie bereits die Hälfte. Doch das Schwierigste bleibt noch zu tun. Wenn Ihnen schließlich die Person, die

Sie fragen, seelenruhig erzählt, was für ein Geheimnis sie selber, Sie oder irgendein anderes Familienmitglied belastet, dann sollten Sie sich nicht in dem Glauben wiegen, bereits alles zu wissen. Denn bei einem Geheimnis sind vor allem die Auswirkungen auf jeden Einzelnen von Bedeutung. Und die Tatsache, dass man Ihnen ein Geheimnis anvertraut, dessen Verschweigen jahrelang ihr Leben überschattet hat, befreit Sie noch lange nicht von den Folgen, die dies, ohne dass Ihnen das bewusst ist, für Ihre Psyche hatte.

Doch ehe wir kurzerhand den Stab über Geheimnissen brechen, sollten wir uns klarmachen, dass nicht alle Geheimnisse von Übel sind. Fachkräfte in der Industrie sind verpflichtet, bestimmte Herstellungsgeheimnisse für sich zu behalten. Und auch in unseren privaten Beziehungen bleibt ein Teilbereich ausgespart, den wir vor den anderen geheim halten, um uns zu schützen. Von diesem Standpunkt aus betrachtet, ist in gewisser Hinsicht alles geheim. Die Gedanken, die uns in den Sinn kommen und über die wir mit niemandem reden, unsere Phantastereien und Träumereien, das Intimleben eines Liebes- oder Ehepaares, das komplizierte Beziehungsgeflecht innerhalb einer Familie, das unser Privatleben ausmacht, Gefühle, die wir für andere empfinden und die wir nicht öffentlich zur Schau stellen wollen ... Es gibt viele Arten von Geheimnissen, an die wir uns so gewöhnt haben, dass sie uns als selbstverständlich erscheinen. Mehr noch: Nicht nur gibt es immer und überall Geheimnisse, ihnen kommt auch große Bedeutung für die Strukturierung unserer Psyche und unserer Beziehungen zu anderen zu.

Individuelle psychische Strukturen können sich nur dann entwickeln, wenn wir die Möglichkeit haben, etwas geheim zu halten. Der Augenblick, in dem ein kleines Kind zum ersten Mal lügt, ist von entscheidender Bedeutung. Es entdeckt, dass seine Eltern eben nicht seine Gedanken lesen können, und das beweist ihm, dass es eine eigenständige, unabhängige Persönlichkeit ist. Hat es diese Gewissheit nicht, glaubt das Kind also weiterhin, die Erwachsenen könnten alles erraten, was in ihm vorgeht, dann kann dies zu schweren psychischen Störungen und Beziehungsproblemen führen. Umso schlimmer ist es, wenn Erwachsene glauben, sie müssten diese völlig normale Entwicklung hemmen, indem sie ihre Kinder so lange wie möglich in dem Glauben lassen, sie könnten ihre Gedanken erraten, und Dinge sagen wie: «Ich sehe es dir auf der Stelle an, wenn du lügst» oder: «Wenn du schwindelst, wackeln deine Ohren (oder: Deine Nase zuckt)» oder auch: «Mein kleiner Finger sagt mir das.»

Darüber hinaus bilden Geheimnisse die Grundlage des gesellschaftlichen Lebens und der Beziehung zu den Mitmenschen. Die Trennung zwischen Privatsphäre und öffentlichem Leben in unseren demokratischen Gesellschaften ist die unabdingbare Voraussetzung für Freiheit. Alle totalitären Regimes träumen davon, ihre Untertanen in allen Bereichen, den privaten wie den öffentlichen, völlig unter ihre Kontrolle zu bringen. In seinem Roman *1984* hat Orwell die beängstigenden, unmenschlichen Praktiken in einem solchen Staat geschildert. Die der Macht des «Big Brother» ausgelieferten Menschen können so wenig vor ihm geheim halten, dass er jeden Einzelnen ganz nach seinem Belieben der Folter unterziehen kann, die den geheimsten Ängsten seiner Opfer entspricht: Keinerlei Geheimnis haben zu können, ist Folter schlechthin.

Geheimnisse als solche sind also weder gut noch schlecht. Sie bergen beide Möglichkeiten in sich. Doch von welchem Augenblick an können Geheimnisse, die für die psychische Entwicklung unbedingt notwendig sind, zerstörerisch wirken?* Hier hilft uns die Sprache weiter. Man sagt, dass man «ein Geheimnis wahrt», aber auch dass man «in ein Geheimnis eingeweiht» wird. Letzteres kann äußerst angenehm, manchmal jedoch auch ungeheuer

---

* Den ersten Anstoß zu den derzeitigen, seit den sechziger Jahren durchgeführten Untersuchungen über Geheimnisse verdanken wir Nicolas Abraham und Maria Torok, L'Ecorce et le Noyau. Paris: Flammarion, 1978.

beängstigend sein! Es kann einen dazu verpflichten, Dinge zu wissen, von denen man lieber nie etwas gehört hätte und die einen nur quälen und belasten. Außerdem kann man «in ein Geheimnis einbezogen» werden. Das besagt eindeutig: Es handelt sich um eine Verpflichtung, der man sich nicht entziehen kann. Und schließlich kann man zu einem Geheimnisträger gemacht werden, der schwer an seiner Last trägt … Manchmal verdrängen wir Teilbereiche von uns selbst, das heißt, sie werden zu einem Geheimnis. Ganz allgemein lässt sich sagen, ein Geheimnis wird in dem Augenblick, indem wir es nicht mehr «bewahren», sondern es uns «verwahrt», indem wir, anders ausgedrückt, seine Gefangenen werden, zu einer hinderlichen, störenden Belastung. Von hier ist es nur noch ein Schritt zu dem Punkt, an dem es uns zur Qual wird. Dann leiden wir plötzlich unter Verdauungsstörungen, Kopfschmerzen oder Beklemmungen, die wir spontan mit dem Geheimnis in Verbindung bringen. Allerdings können Geheimnisse uns auch unbewusst plagen; dann leiden wir unter verschiedenen physischen oder psychischen Beschwerden, stellen jedoch keinerlei Beziehung zwischen ihnen und dem Geheimnis her.

Möglicherweise setzt uns auch das Geheimnis eines anderen zu. Wenn wir zum Beispiel spüren, dass ein Familienangehöriger etwas vor uns verbirgt, beunruhigt uns dies unter Umständen sehr. Ein solches Geheimnis kann uns sogar genauso peinigen, als wäre es unser eigenes: Etwa, wenn wir uns ausgeschlossen fühlen, obwohl wir doch so gern ins Vertrauen gezogen würden. Auch unbewusst kann uns das Geheimnis eines anderen ebenso belasten wie ein eigenes. Dafür gibt es zahlreiche Beispiele, die uns nach und nach zu den Familiengeheimnissen führen.

Das Hauptproblem dabei ist jedoch keineswegs das Nichtwissen; vielmehr sind es die moralischen Bedenken, die sich damit verknüpfen. Die Wege des Geheimnisses, die unter Umständen zu einer Katastrophe führen, sind, wie wir noch sehen werden, mit den besten Absichten der Welt gepflastert! Zur Zeit Freuds hinderte die Moral die Menschen daran, ihre Sexualität zu verstehen und anzunehmen. Heute macht sie es uns schwer, Geheimnisse zu begreifen – zweifelsohne, weil sie ein wenig so wirken wie die von Pasteur entdeckten Keime, nämlich mit einer derart großen Zeitverschiebung, dass Leute, die sie nicht wahrhaben wollen, immer noch behaupten können, sie existierten gar nicht! Allerdings hat diese Skepsis noch einen anderen Grund: Geheimnisse haben, über die individuellen Beziehungen hinaus, etwas mit der Treue zu tun, die jeden von uns an seine Eltern und Vorfahren bindet.

MEIN SOHN LIEST HEIMLICH PORNOHEFTE

Ein Heranwachsender verheimlicht seinen Eltern, dass er Porno-
hefte liest, aber das kann auch ein Vater seiner Frau und seinen
Kindern gegenüber tun. Es handelt sich hier also nicht um Familiengeheimnisse im eigentlichen Sinne.

Die Geheimnisse der Sexualität sind für jeden Teil seiner ganz
persönlichen Welterfahrung. Ein jeder wird im Verlauf seiner
Entwicklung, von der frühen Kindheit bis zum Tod, auf unter-
schiedlichste Weise damit konfrontiert. Diese Entdeckungen: des
anderen Geschlechts, des Verlangens, das einen zu diesem hin-
zieht, und der Lust lassen sich sprachlich nicht vermitteln. Aus
diesem Grund stellen sie Phasen der allmählichen Enthüllung
eines ganz persönlichen Bereichs dar, der notwendigerweise von
einer Aura des Geheimnisses umgeben ist.

Im Gegensatz dazu empfindet ein Kind Situationen, in denen
ein Elternteil unter etwas leidet, unmittelbar als Hindernis für die
Kommunikation mit ihm, unabhängig davon, welchen Grund
diese Qual hat: ob sie mit dem Berufs- oder Intimleben der Eltern
oder möglicherweise sogar mit deren Eltern zusammenhängt.
Dies weckt die Aufmerksamkeit und Neugierde des Kindes und
lenkt schließlich seine Wahrnehmung der Welt in eine falsche
Richtung. Leidenssituationen, deren Grund dem Kind verheimlicht wird, laufen wie eine ständige Frage neben seinem eigenen
Leben her und zehren an seiner Substanz. Gelegentlich beschließt

das Kind, später der Erwachsene, diese nie beantwortete Frage zum Mittelpunkt seines eigenen Lebens zu machen. Damit reduziert es die Fülle der Möglichkeiten, sein Leben zu gestalten, auf das Geheimnis, das es bei einem Elternteil ahnt, und trifft unbewusst Entscheidungen, von denen es an bestimmten Punkten seiner Entwicklung geglaubt hat, sie seien genau diejenigen, die man ihm verheimlichte. Glücklicherweise werfen diese Fragen normalerweise ihre Schatten nur auf bestimmte Lebensbereiche des Kindes und lassen die anderen unbeschadet.

WAR MEIN VATER KRANK?

Die etwa dreißigjährige Séverine erzählt erregt, wie man ihr, als sie fünf Jahre alt war, die Krankheit ihres Vaters verheimlichte. Dieser hatte nach einem Herzanfall eine Zeit lang im Krankenhaus gelegen. Nach seiner Entlassung reden seine Frau und er Séverine ein, er sei jetzt wieder gesund und außer Gefahr. Doch zwei Jahre später stirbt er an einem Herzinfarkt. Die jetzt siebenjährige Séverine weigert sich, zur Beerdigung zu gehen, und fängt an, den Leuten zu erzählen, ihr Vater sei für längere Zeit verreist. Offenbar weigert sie sich, seinen Tod zur Kenntnis zu nehmen. In Wirklichkeit scheint ihr Verhalten nicht so sehr mit dem unerwarteten Tod des Vaters, sondern eher mit dem Gefühl zusammenzuhängen, zwei Jahre lang von einem Geheimnis ausgeschlossen gewesen zu sein, das alle anderen Familienmitglieder kannten und das die Schwere der Krankheit und den bedenklichen Gesundheitszustand ihres Vaters betraf. Sein Tod war für Séverine deswegen so tragisch, weil er sie mit einem Geheimnis konfrontierte, das sie geahnt hatte, aber nicht wahrhaben wollte: Die ganze Familie hatte etwas Schwerwiegendes, Wichtiges gewusst, nur ihr hatte man es verheimlicht!

Wie Séverine im Verlauf späterer Nachforschungen herausfand, waren ihre Eltern sehr wohl von den Ärzten darüber aufgeklärt worden, dass ihr Vater jeden Augenblick mit seinem Tod rechnen musste. Doch sie hatten dies ihrer Tochter aus Angst, sie «könne es nicht ertragen», verheimlicht. Das Problematische daran ist, dass Séverine die Bedrohlichkeit der Situation und die Sorgen ihrer Eltern sehr wohl gespürt hatte, gleichzeitig jedoch so tun musste, als hätte sie keine Ahnung davon. Ihre Weigerung, den Tod des Vaters zu akzeptieren, stellte die Antwort auf die vorangegangene Weigerung ihrer Eltern dar, sie an der Wahrheit teilhaben zu lassen, wie krank ihr Vater in Wirklichkeit war. Sie lehnte es ab, von diesem Ereignis zu sprechen, so wie ihre Eltern nie von der Möglichkeit gesprochen hatten, dass es jederzeit passieren könnte. Sie war wütend, nicht über den Tod ihres Vaters, sondern über die Art und Weise, wie ihre Eltern das Geheimnis seiner Krankheit für sich behalten hatten; erbost, weil sie in ihren Augen zu klein gewesen war, um es zu verkraften. Sie hatte diesen Ausschluss als abwertende, kränkende Verkennung ihrer Fähigkeit empfunden, die Wahrheit zu ertragen. Die Eltern hatten sie für zu jung gehalten, um sich mit der Krankheit ihres Vaters abzufinden. Nun hielt sie sich für zu jung, um seinen Tod zu akzeptieren, und stellte sich vor, er sei noch am Leben. Auf diese Weise bestätigte Séverine mit ihren Phantasievorstellungen, die sich um eine eingebildete Verbindung mit einem nach wie vor lebenden Vater drehten, in gewisser Hinsicht die Version, mit der man sie abgespeist hatte, das heißt die Lüge ihrer Eltern: Ihr Vater war nicht krank gewesen, folglich konnte er nicht tot sein. Im Übrigen schufen diese Träumereien, indem sie eine ausschließliche Verbindung zwischen Séverine und ihrem Vater herstellten, eine Art Ausgleich zu der Situation, von der sie vorher ausgeschlossen gewesen war: Alle hatten gewusst, dass ihr Vater sehr krank war, nur sie nicht. Sie war von dieser Wahrheit und von denen, die sie kannten, abgeschnitten gewesen. Nun kapselte sie sich ihrerseits ab, überzeugt, im alleinigen Besitz einer Wahrheit zu sein, die die anderen nicht kannten: Ihr Vater war nicht tot, er war auf Reisen.

Séverine wuchs also voller Verbitterung heran. Ihre Beziehungen zu den anderen Familienmitgliedern, vor allem zu ihrem Bruder und ihrer Mutter, waren tief greifend gestört. Sie verlor das Vertrauen zu ihnen und sonderte sich ab. Diese Zurückgezogenheit wirkte sich auf alle ihre sozialen Beziehungen und indirekt auch auf ihre schulischen und beruflichen Leistungen aus. Und dennoch hatte die Familie ihr die Krankheit des Vaters «nur zu ihrem eigenen Besten» verheimlicht, um ihr «ein Trauma zu ersparen»! Oft ist also der Weg zu einem Geheimnis, wie der zur Hölle, mit den besten Absichten gepflastert.

DIE GEWALTSAMKEIT VON GEHEIMNISSEN

Ein Kind empfindet ein Familiengeheimnis, welch «gute» Absichten auch dahinter stehen mögen, immer als Grausamkeit. Eine Grausamkeit, die es nie vergisst, die es psychisch schwer belastet und die sich auf Umwegen negativ auf sein berufliches, sein soziales und sein Liebesleben auswirkt.

Das Kind, später der Erwachsene, kann auf verschiedene Weise versuchen, sich gegen die Brutalität des Geheimnisses zu wehren. So kann es sich beispielsweise ein eigenes Geheimnis schaffen. Da es das Geheimnis der anderen, von dem es sich ausgeschlossen fühlt, nicht kennt, folglich auch nicht damit zurechtkommen kann, bastelt es sich seine eigenen Geheimnisse zurecht und beschließt, die anderen davon auszuschließen! Eine alberne Rache, mag sein, die jedoch echte Geheimnisse hervorbringen kann. Der Wahrheit, die ihm verheimlicht wird, setzt das Kind eine Wahrheit entgegen, die es seinerseits verheimlicht. So drehte Séverine die Situation, von der sie sich ausgeschlossen fühlte, in ihrer Vorstellung wie einen Handschuh um. Sie bildete sich ein, als Einzige im Besitz eines Geheimnisses zu sein, von dem alle anderen ausgesperrt waren! Séverine hatte sehr wohl bemerkt, wie sehr ihre Mutter und ihr älterer Bruder, aber auch ihre Onkel und Tanten sich bemühten, sie in die Familientrauer einzubeziehen. Ihr Problem betraf jedoch weder die Umstände des Todes ihres Vaters noch das, was darauf folgte, sondern das Geheimnis, das alldem vorausgegangen war. Da Séverine davon ausgeschlossen gewesen war, wie ihre Familie die Krankheit ihres Vaters erlebte, schien es ihr nicht mehr möglich, an der gemeinsamen Bewältigung seines Todes teilzuhaben. Sie verwandelte die Einsamkeit und das Leid, die ihr vorher durch das Geheimnis auferlegt worden waren, in einen Schmerz und ein Alleinsein, aus denen sie alle anderen ausschloss. Allerdings reagieren Kinder, denen man etwas verheimlicht, normalerweise nicht mit einer solchen Umkehrung des Ausschlusses. In den meisten Fällen überwiegt der Wunsch, die durch das Geheimnis gestörte Kommunikation wieder herzustellen.

GEHT MEIN VATER ARBEITEN?

Der plötzliche Leistungsabfall des zwölfjährigen Georges, der bislang ein guter Schüler war, beunruhigt seine Lehrer. Nicht genug damit, dass er nicht mehr so fleißig ist und schlechte Noten nach Hause bringt, all das scheint ihn auch nicht weiter zu überraschen oder ihm irgendwelche Sorgen zu bereiten. Die Situation ist so verfahren, dass der Junge schließlich beim Schulpsychologen landet. Der fragt seine Eltern, ob ihres Wissens in letzter Zeit irgendetwas geschehen sei, das Georges aus dem Gleichgewicht gebracht haben könnte. Als sie dies verneinen, versucht er, Einzelheiten über die frühe Kindheit Georges' zu erfahren, die sein derzeitiges Verhalten erklären könnten. Man macht Leistungs- und Persönlichkeitstests, die dem Jungen eine unausgereifte Persönlichkeit bescheinigen, und erklärt diese mit den häufigen Ortswechseln in seiner frühen Kindheit. Aufgrund der beruflichen Tätigkeit seiner Eltern und ihrer häufigen Umzüge wuchs Georges in der Tat zunächst bei seinen Großeltern und anschließend bei verschiedenen Pflegemüttern auf, ehe er endgültig zu seinen Eltern zog.

Das alles reicht jedoch offenbar nicht aus, um Georges' Verhalten zu erklären. Man befragt also die Eltern über ihr eigenes Leben und ungewöhnliche Vorkommnisse in der Zeit, ehe die Schwierigkeiten Georges' einsetzten, auch wenn diese, ihrer Ansicht nach keinerlei Bezug dazu haben. Nach langem Zögern und äußerst verlegen gibt der Vater schließlich zu, er sei ein paar Monate vor dem Auftreten der schulischen Probleme seines Sohnes aus wirtschaftlichen Gründen entlassen worden. Er glaubt jedoch nicht, dass dies irgendwie mit Georges' Problemen zusammenhängt. Tatsächlich hat er es so gedreht, dass sein Sohn von der veränderten Situation nichts mitbekommt: Er tut so, als gehe er nach wie vor morgens zur Arbeit und komme abends wieder heim. Seiner Ansicht nach rechtfertigt die Angst davor, seinem Sohn Georges «einen Schock zu versetzen», dem Sohn, dem er immer gepredigt hat, wie wichtig schulische Leistungen sind, um später im Beruf erfolgreich zu sein, diese Komödie. Der eigentliche Grund für diese Verstellung scheint allerdings weiter zurückzuliegen und hat etwas mit dem Verhältnis von Georges' Vater zu seiner Schwiegermutter zu tun, die nie besonders viel von ihm gehalten hat. Die Eltern fürchten, ihr Sohn würde der Großmutter, die er oft besucht, von der Arbeitslosigkeit des Vaters erzählen, wenn er Bescheid wüsste, und diese könnte dann Georges' Vater schlecht machen, so wie sie dies früher bei ihrer Tochter probiert hatte.

Was für gute Gründe sie auch gehabt haben mochten, Georges die Situation zu verheimlichen, ihm war die Veränderung nicht entgangen. Und er merkte auch, wie sehr sein Vater sich schämte und vor den Sticheleien seiner Schwiegermutter fürchtete. Das aufgeweckte Kind reagierte darauf, indem es, großteils unbewusst, ein Verhalten an den Tag legte, das seinen Vater von dieser Sorge befreien sollte. Georges kann von dem, was er ahnt, nicht sprechen, denn er hat Angst, seinen Vater zu verletzen. Doch er fühlt sich verpflichtet, ihm sein Schuldgefühl zu nehmen. Die Botschaft, die er über seine schlechten Leistungen in der Schule an ihn zu richten versucht, lautet in etwa: «Du brauchst dich nicht zu schämen, weil du nicht zur Arbeit gehst, und du brauchst dich auch nicht zu schämen, mit mir darüber zu reden. Ich tue auch nichts mehr!» Eine solche Haltung ist, auch wenn die besten Absichten dahinter stehen, natürlich katastrophal. Aber ist die des Vaters nicht mindestens genauso schlimm?

Wenn solche Nachahmungsreaktionen des Kindes zeitlich nicht mehr mit dem Geheimnis zusammenfallen, sondern zeitverschoben ablaufen, führen sie dazu, dass Geheimnisse von einer Generation zur nächsten weitergegeben werden. Die stillschweigende Auseinandersetzung Georges' mit dem Geheimnis seines Vaters hätte vermutlich seine Eingliederung ins Berufsleben erschwert, wäre das Problem nicht dank einer Psychotherapie gelöst worden. Gelegentlich betreffen die verheimlichten Vorkommnisse Probleme des Erwachsenenlebens und wirken sich daher erst dann aus, wenn die Kinder selber erwachsen sind. Dies ist bei Gaston der Fall, von dem später die Rede sein soll.

DIE KRIMINELLEN NEIGUNGEN ANGÈLES

Angèle hat seit einigen Monaten beträchtliche Schwierigkeiten in der Schule. Ihre Lehrerin empfiehlt, einen Psychologen zurate zu ziehen und unter Umständen eine Psychotherapie zu machen. Außerdem fiel Angèle dadurch auf, dass sie seit demselben Zeitpunkt ihren Klassenkameradinnen öfters etwas klaute. Im Verlauf eines Gesprächs mit der Mutter stellt sich heraus, dass der Vater Angèles auf unbestimmte Zeit verreist ist, ohne eine Adresse hinterlassen zu haben. Leidet das Mädchen so sehr darunter, verknüpft es das Verschwinden des Vaters mit Schuldgefühlen? In den Äußerungen Angèles lässt nichts auf einen Zusammenhang zwischen der Abreise ihres Vaters und ihren kleinen Diebstählen schließen. Will man das Mädchen verstehen, muss man daher versuchen, von ihrer Mutter Näheres zu erfahren. Diese räumt schließlich eine wichtige Tatsache ein, die sie ihrer Tochter nicht zu gestehen wagte: Der Vater Angèles ist nach einem Diebstahl, möglicherweise sogar wegen eines schweren Verbrechens, eingesperrt worden. Die Mutter Angèles «beichtet» dies sehr erregt und vertritt mit allem Nachdruck die Ansicht, ihre Tochter dürfe nichts davon erfahren, damit sie nicht aus dem Gleichgewicht gerät. Sie ist überzeugt, wenn Angèle wüsste, dass ihr Vater ein Dieb, vielleicht sogar ein Mörder ist, könnte sie selber auf die schiefe Bahn geraten. Denn, so die Mutter, «ein junges Mädchen versucht immer, dem Vater nachzueifern».

Das Schweigen, das die Familie über diesen Vorfall bewahrt, den Angèle ahnt, führt bei ihr also zu kriminellen Handlungen, die ihr selber, wie sie sagt, unverständlich sind. Erneut sehen wir, dass bestimmte Verhaltensweisen des Kindes, die in dem, was in ihm vorgeht und was davon wiederum zum Ausdruck kommt, keine unmittelbare Erklärung finden, das Ergebnis seines Versuchs sein können, ein Beziehungsproblem zu lösen, das von einem Schleier des Geheimnisses umgeben ist. Indem Angèle kleine Diebstähle begeht, hält sie sich zwar an das Verbot, nicht über die derzeitige Situation zu sprechen, sendet jedoch gleichzeitig zwei Botschaften aus, eine an ihre Mutter und eine an ihren Vater. Ihrer Mutter «sagt» sie, dass sie es sehr wohl verkraften würde, die Wahrheit über ihren Vater zu erfahren; und diesem «sagt» sie, wie sehr sie immer noch an ihm hängt und dass sie zu ihm hält. Durchaus denkbar, dass Angèle, würde man ihr die Wahrheit sagen, tatsächlich in Versuchung geriete, wirklich kriminelle Handlungen zu begehen. Der Unterschied liegt darin, dass Angèle in diesem Fall einer Gesprächstherapie zugänglich wäre, denn ihr Verhalten hätte ausschließlich persönliche Motive.

Wir sehen hier die ganze Problematik des Geheimnisses. An die Stelle persönlicher psychischer Abwehrmechanismen treten Abwehrreaktionen, die etwas mit den Beziehungen innerhalb der Familie zu tun haben. Jegliches Verhalten eines Elternteils, selbst ein kriminelles, birgt die Gefahr einer empathischen Nachahmung durch eines seiner Kinder in sich. Es wird beispielsweise genauso zum Dieb, zum Schläger oder zum Lügner wie dieser Elternteil. Derartige Identifikationen können jedoch durch Einflüsse von außen rückgängig gemacht werden, ob sie nun von dem anderen Elternteil, einem Freund, einem Lehrer oder irgendeiner anderen Person ausgehen, die Kontakt mit dem Kind hat. In ausschließlich durch ein Geheimnis definierten Situationen funktioniert dies jedoch nicht. Dann entziehen die Abwehrmechanismen sich jeglicher Beeinflussung und jeder Lösung, da sie abgespalten sind. Dies erklärt, warum bestimmte, mit einem Geheimnis zusammenhängende Verhaltensweisen einen regelrechten Fremdkörper in der Persönlichkeit darstellen und selbst dann weiter bestehen können, wenn das Geheimnis gelüftet ist. Die Enthüllung des Geheimnisses ändert kaum etwas an den Entscheidungen, die unbewusst unter seinem Einfluss getroffen wurden, denn sie sind das Werk eines Teilbereichs der Persönlichkeit, der sich im Innersten der Psyche herausgebildet hat und einer normalen Beeinflussung nicht zugänglich ist. Das illustrieren die beiden folgenden Beobachtungen.

DAS KIND EINER ANDEREN

Gaston, jung, ledig, hat ein Kind mit einer Frau, die er verlassen hat. Die nicht anerkannte Vaterschaft konfrontiert ihn mit quälenden Fragen. Dass er sich seinen Eltern anvertraut und mit ihnen darüber gesprochen hat, ob es sinnvoll wäre, das Kind anzuerkennen, erschwert die Situation zusätzlich. Sein Vater hat sich nämlich heftig dagegen gewandt und sogar gedroht, ihn zu enterben. Im Übrigen weiß Gaston mittlerweile, dass sein Vater noch einen weiteren Sohn hat, aus seiner ersten Ehe. Das eröffnete ihm seine Mutter, als er vierzehn Jahre alt war, aber die Enthüllung dieses Geheimnisses hatte ihn damals nicht sonderlich irritiert. Seine Reaktion war – und ist nach wie vor –, dass dieses Geheimnis lediglich seine Eltern, aber nicht ihn betrifft. Offenbar besteht also kein Zusammenhang zwischen der Situation, in der er sich befindet, und dem, was sein Vater erlebt und vor ihm geheim gehalten hat. Die Psychotherapie, zu der Gaston sich jetzt entschließt, zeigt jedoch, dass ihn das Geheimnis seines Vaters weit stärker getroffen hat, als er selber dachte. In Wirklichkeit hatte Gaston die verheimlichte Vaterschaft geahnt, wenn es zu Auseinandersetzungen zwischen seinen Eltern kam oder einer der beiden entsprechende Anspielungen machte. Das Problem ist, dass er aus dieser ganzen Heimlichtuerei den Schluss ziehen musste, diese Vaterschaft sei etwas, für das sein Vater sich schämen müsste. Seine ganze Kindheit hindurch, bis zum Alter von vierzehn Jahren, hatte Gaston sich von den Gesprächen seiner Eltern ausgeschlossen gefühlt und unter der Vorstellung gelitten, sein Vater habe etwas Schimpfliches getan. Infolge dieser Interpretation stand die Situation, die Gaston jetzt durchlebte, in unmittelbarem Zusammenhang zur Atmosphäre der Heimlichtuerei, in der er aufgewachsen war. Der Vater eines Kindes zu sein, um das er sich nicht kümmerte, dem er nicht einmal seinen Namen gegeben hatte, stellte für ihn eine Art und Weise dar, seine Nähe zu seinem Vater zu betonen, da er sich jetzt ja in einer ähnlichen Lage befand. Er empfand die gleiche Scham, die er bei seinem Vater gespürt hatte. Durch diese nicht anerkannte, «schändliche» Vaterschaft wollte Gaston seinem Vater in gewisser Hinsicht zu verstehen geben, er brauche keine Vorwürfe von ihm zu befürchten, da ihm das Gleiche passiert war! Auch in diesem Fall entsprang ein Verhalten, das wie eine einfache Wiederholung wirkt, einer Sehnsucht des Sohnes. Die Scham, die Gaston wegen seiner Vaterschaft empfand, verfolgte unbewusst ein doppeltes Ziel. Erstens sollte sie zwischen seinem Vater und ihm ein Vertrauensverhältnis schaffen, wie Gaston es aufgrund des väterlichen Geheimnisses nie gekannt hatte; und sie sollte den Vater von seinem Schuldgefühl wegen seiner Vaterschaft befreien, die Gaston als schimpflich empfunden hatte.

Darüber hinaus hatte das Geheimnis des Vaters sich noch auf

andere Weise auf Gaston ausgewirkt. Der junge Mann litt an Aggressionshemmungen, für die es in seiner bisherigen Entwicklung keine Erklärung zu geben schien. Zwar konnte er differenziert denken, und sein Sexualleben war durchaus als normal zu bezeichnen, aber Gaston hatte ständig Angst vor irgendeiner Art Konfrontation mit einem Mann. Das hatte ihn sogar dazu veranlasst, Kampfsportarten wie Judo und Karate zu lernen; dennoch sah er sich in seiner Vorstellung weiterhin als Opfer von Aggressionen und Auseinandersetzungen, ohne den Grund dafür zu verstehen. Vermutlich hatten diese Ängste ihren Ursprung zumindest teilweise in einer durch massive Aggressionskomponenten geprägten Primärbeziehung zu seiner Mutter. In der Tat hatte diese Frau nie irgendwie Mitgefühl mit den Ängsten ihres Sohnes gezeigt. Das hatte bei diesem dazu geführt, dass er schon sehr früh seine eigenen aggressiven Komponenten abspaltete. Allerdings wurden seine Hemmungen nicht durch die Analyse dieser Beziehung abgebaut. Sie verschwanden erst – und zwar von einer Sitzung auf die andere, mit der Gewaltsamkeit einer Offenbarung –, als wir die kindliche Aggressionshemmung seinem Vater gegenüber zu dem Geheimnis von dessen erster Ehe in Beziehung setzen konnten. Denn die grundlegende Frage, die Gaston sich als Kind immer wieder gestellt hatte, war folgende: Was hatte dieser andere Sohn dem Vater getan, dass dieser ihn im Stich ließ, ihn sogar verleugnete? Lief Gaston nicht selber Gefahr, fallen gelassen zu werden, wenn er seine Aggressionen seinem Vater gegenüber auslebte? Das Familiengeheimnis hatte es also Gaston ungeheuer erschwert, die normalen Aggressionen auszuleben, die jeder Junge in der Beziehung zu seinem Vater empfindet. Die ungeheure Angst, die Gaston im Zusammenhang mit dem Familiengeheimnis empfunden hatte, nämlich von seinem Vater zurückgewiesen zu werden, hatte zu der massiven Gehemmtheit und dazu geführt, dass er seine Aggressionen gegen sich selbst richtete.

Die sechsundvierzigjährige Françoise litt seit vielen Jahren an funktionellen Verdauungsstörungen, die zum ersten Mal im Alter von sechzehn Jahren aufgetreten waren, als ihre kleine Schwester im Alter von sechs Monaten gestorben war. Mit der Zeit hatten sich die Beschwerden durch ein Angstsyndrom noch verschlimmert: Als man sie zur Behandlung zu mir schickte, lebte Françoise ständig in der Furcht, keinen geeigneten Ort zu finden, um ihren Darm zu entleeren. Diese Angst war zu einer massiven Behinderung geworden, da Françoise praktisch nicht mehr aus dem Haus gehen konnte.

Im Verlauf einer ersten Phase ihrer Psychotherapie entdeckte Françoise, dass sie sich bereits sehr früh mit ihrer kleinen Schwester identifiziert hatte. Diese war an Verdauungsstörungen gestorben. Und da sie sie nicht «lieben» konnte, indem sie ihr nahe war, liebte Françoise sie, indem sie «zu ihr wurde», das heißt, indem sie über ihre Symptome mit ihr eins wurde. Ihre funktionellen Verdauungsstörungen entsprachen in der Tat denjenigen, an denen ihre Schwester gestorben war. Diese Art und Weise, die Tote zu verkörpern, stellte nicht nur eine Möglichkeit dar, sie «zurückkehren» zu lassen, um sich so über ihren Tod hinwegzutrösten. In ihrer Psyche war es zudem eine Art und Weise, sie zu ihren Eltern zurückkehren zu lassen, die sehr unter ihrem Tod gelitten hatten.

Als Françoise sich jedoch allmählich aus der unbewussten Identifikation mit ihrer toten Schwester löste, kam ein schwerwiegendes Familiengeheimnis zum Vorschein, das bislang von dieser unbewussten, pathogenen Identifikation überlagert gewesen war. Kaum waren die Verdauungsstörungen behoben, sprach Françoise von einem beschämenden Vorfall, den sie von einer ihrer Schwestern erfahren hatte. Diese hatte ein Geständnis mitangehört, das nicht für ihre Ohren bestimmt war: Françoises Mutter war im Alter von etwa zwanzig Jahren, als sie noch nicht verheiratet war, schwanger geworden. Sie hatte heimlich – und offenbar sehr spät –

abgetrieben und den Fetus ganz hinten im Garten begraben. Jemand aus der Nachbarschaft hatte sie denunziert und damit eine polizeiliche Untersuchung ausgelöst, und laut dem von Françoises jüngerer Schwester belauschten Geständnis war die Mutter nur dadurch einer Verhaftung entgangen, dass die Großmutter eine beträchtliche Geldsumme zur Verfügung gestellt hatte.

Nun hatte die Angst, unter der Françoise litt, nämlich keinen geeigneten Ort zu finden, um ihren Darm zu entleeren, in einem bestimmten Augenblick eingesetzt, nämlich als man sie gezwungen hatte, die Toilette in einer kleinen Hütte im rückwärtigen Teil des Gartens zu benützen, das heißt in der Nähe der Stelle, wo der von ihrer Mutter abgetriebene Fetus vergraben war. Die Angstphobie Françoises entpuppte sich also als eine Möglichkeit, unbewusst die Angst ihrer schwangeren Mutter nachzuvollziehen, nämlich nicht zu wissen, wo sie sich «entleeren» sollte! Das massive Schuldgefühl der Mutter, weil sie abgetrieben hatte, und ihre Angst, die Töchter könnten das schändliche Geheimnis entdecken, fanden ihre Entsprechung in der Scham und der Angst, die Françoise jedes Mal empfand, wenn sie aus dem Haus gehen sollte. Sie hatte sich nicht nur mit dem identifiziert, was sie angesichts der somatischen Krankheit ihrer kleinen Schwester beobachtet und phantasiert hatte, sondern auch mit der Angst und der Scham, die sie bei ihrer Mutter erahnt hatte. Daher wären ihre Beschwerden nie verschwunden, wäre nicht das Familiengeheimnis, das während ihrer Kindheit auf ihr gelastet hatte, im Verlauf ihrer Psychotherapie zur Sprache gebracht und aufgelöst worden.

Bemerkenswert ist schließlich, dass diese Frau bereits zehn Jahre vor meiner Behandlung eindeutig von dem Geheimnis ihrer Mutter gewusst hatte. Dies hatte jedoch nichts an den Symptomen geändert. Einerseits wusste sie über das Geheimnis ihrer Mutter ebenso Bescheid wie über den frühen Tod ihrer kleinen Schwester. Andererseits war sie jedoch nicht in der Lage, diese Ereignisse mit den unbewussten Auswirkungen, die diese auf sie hatten, in Verbindung zu bringen.

DER ZWEIFACHE URSPRUNG VON GEHEIMNISSEN

Diese Beispiele zeigen, dass Geheimnisse in Familien am häufigsten um Geburt, sozialen Ausschluss und Tod kreisen. Zahlreiche Geheimnisse betreffen vor allem uneheliche, außereheliche oder adoptierte Kinder, vor den Kindern einer zweiten Ehe verheimlichte erste Ehen, Abtreibungen, Scheidungen, Todesfälle, physische und psychische Krankheiten und, in jüngerer Zeit, Rauschgiftsucht. Sie zeigen außerdem, dass nicht hinter jedem Geheimnis die gleichen Absichten stecken: In dem einen Fall will jemand bestimmte Informationen für sich behalten, andere Geheimnisse entspringen der Schwierigkeit, sich an schmerzliche Geschehnisse zu erinnern. In der Tat denkt man bei dem Wort «Geheimnis» sofort an Dinge, die jemand zu verheimlichen beschließt, während er gleichzeitig glaubt, sie jederzeit enthüllen zu können, wenn er das möchte. Dies ist beispielsweise bei einem Mann der Fall, der seinen Arbeitsplatz verliert: Zwar kann er mit seinen Kollegen und seiner Frau darüber sprechen, andererseits jedoch beschließen, es seinen Kindern zu verheimlichen. Doch ebenso viele Geheimnisse kreisen um Situationen, in denen derjenige, der schweigt, nicht einmal sich selber eingestehen kann, was er verbirgt.

Als Extremfall führt Primo Levi Überlebende von Konzentrationslagern an. Einige von ihnen haben Kinder, die zum Teil erst aus Büchern, durch Rundfunksendungen oder in der Schule von der Deportation erfuhren. Daraufhin wollten sie von ihren Eltern wissen, ob das, was sie gehört hatten, tatsächlich wahr sei. Primo Levi berichtet, etliche vormals Deportierte hätten die Schrecken der Lager geleugnet, obwohl sie sie durchlebt hatten. Der Grund war, dass sie unter den entsetzlichen Bedingungen nur um den Preis überlebt hatten, dass sie sich dem, was sie durchmachten, entzogen. Sie konnten das Grauen dessen, was sie erlebt hatten, nicht annehmen und schlossen es in einen Teil ihres Selbst ein, zu dem sie irgendwie den Schlüssel wegwarfen, um nicht Gefahr zu laufen, erneut damit konfrontiert zu werden. Sie waren nicht einmal in der Lage, sich an die entsetzlichen Leiden zu erinnern, die sie durchgemacht hatten, ohne von den unerträglichen Empfindungen, Gefühlen und sogar körperlichen Zuständen überwältigt zu werden, die damit verbunden gewesen waren. Bei diesen Deportierten lässt das Schweigen auf die partielle Abspaltung eines besonders schmerzlichen Erlebens schließen. Und derlei Spaltungen treten häufiger auf, als man meinen möchte. Wir glauben nur zu gern, Herr der Geheimnisse zu sein, die wir für uns behalten. Und doch übt eine Generation auf die nächste über unterschiedliche Arten des Verdrängens und Verschweigens, die durch frühere Abspaltungen sozusagen versiegelt und oft nicht einmal ihnen selbst bewusst sind, großen Einfluss aus.

Und so kann sich jederzeit ein Geheimnis einschleichen, auch wenn ihm keine Tat zugrunde liegt, die Schuld- oder Schamgefühle wachruft. Es kann sich einnisten, einfach weil wir uns nicht an ein bestimmtes schmerzliches Ereignis erinnern wollen, aus Angst, erneut mit dem Entsetzen, der Wut oder der Traurigkeit konfrontiert zu werden, die damit verbunden waren. In gewisser Weise handelt es sich bei solchen verheimlichten Ereignissen eher um «Ungesagtes» als um Geheimnisse im eigentlichen Sinn. Allerdings ist diese Unterscheidung nicht weiter von Bedeutung. Kinder, die ahnen, dass ein Elternteil aus einem Grund, den er ihnen verschweigt, seelisch leidet, empfinden dies immer als Geheimnis … und meist als eines, dessen man sich schämen muss!

Das Geheime als Teilbereich der Psyche

Aus diesem Grund lassen Geheimnisse sich nicht ausschließlich in Begriffen von Kommunikation und Beziehungen definieren. Noch ehe ein Geheimnis eine bestimmte Form der Beziehung verkörpert, ist es eine besondere Art psychischer Strukturiertheit, die manchmal teilweise bewusst, gelegentlich jedoch völlig unbewusst ist. Diese Unterscheidung zwischen dem Geheimnis als Beziehungsphänomen und dem Geheimnis als psychischem Phänomen ist von grundlegender Bedeutung. Vielleicht sollte man dies auch sprachlich zum Ausdruck bringen und die besondere Art geistiger Strukturiertheit, die die Auswirkung eines Geheimnisses auf die Psyche der jeweiligen Person widerspiegelt, als «Geheimes» bezeichnen im Unterschied zu allen «Geheimnissen» innerhalb eines Beziehungsgeflechts, die Teil des alltäglichen, normalen Lebens sind. Die Existenz absichtlich verschwiegener Geheimnisse in einer Familie hängt nicht zwangsläufig mit einer charakteristischen psychischen Strukturiertheit, einem «Geheimen», bei einem der Familienmitglieder zusammen. Das Geheime zeichnet sich dadurch aus, dass es die Persönlichkeit des Trägers spaltet.[*]

Ausgehend davon spielt es kaum eine Rolle, ob man einem Kind absichtlich etwas verschweigt, ob man nur keine Gelegenheit hat, es ihm zu sagen, oder ob das, was verschwiegen wird, im Unterbewusstsein angesiedelt ist. Wichtig ist vielmehr die Spaltung der Persönlichkeit im Zusammenhang mit einem Geheimnis. Diese Spaltung führt zwangsläufig zu Verhaltensweisen und Äußerungen, die das Kind als seltsam, widersprüchlich und paradox empfindet. Darüber hinaus spürt das Kind hinter diesen schmerzlichen Formen der Kommunikation das Leiden des betreffenden Elternteils, und nicht selten glaubt es, daran schuld zu sein! Das Bemühen des Kindes, sich auf diese Situation einzustellen, löst dann die jeweiligen Symptome aus. Verallgemeinernd könnte man sagen, ein Kind, das dem Einfluss eines gespaltenen Elternteils ausgesetzt ist, spaltet sich seinerseits auf eine Art und Weise, die es seiner eigenen Psyche entfremdet.

[*] Mit diesem Aspekt befasse ich mich eingehend in: Le Psychisme à l'épreuve des générations: clinique du fantôme. Paris: Dunod, 1995. Psychoanalytiker bezeichnen das Geheime im Sinne einer psychischen Eigenheit als «Geheimtopos».

Täuschung

Am besten bezeichnet wohl der Begriff «Täuschung» die Situation eines Kindes, das es mit einer gespaltenen Persönlichkeit zu tun hat. Der ältere Ausdruck «Gleisnerei» spielte früher, etwa in den Legenden und Sagen um König Artus und die Ritter der Tafelrunde, eine große Rolle. Er bezeichnete die List, mit deren Hilfe eine Person den Platz einer anderen einnimmt und sich für sie ausgibt. Beispielsweise nahm der Teufel die Gestalt eines Ritters oder sogar Gottes an. Doch der «Gleisner», der Täuschende, erreicht sein Ziel nie ganz. Durch irgendein Zeichen verrät der Teufel sich immer. Ehrenhafte Leute, die sich dem Teufel in Gestalt eines Ritters gegenübersehen, schöpfen zwar Verdacht, können jedoch – zumindest anfangs – nicht so recht glauben, was sie sehen. Der Meister der Gleisnerei und Täuschung in diesen Legenden ist der Zauberer Merlin. Er verschwindet hinter Rauchschleiern oder verwandelt sich in Zauberwesen …

Im Allgemeinen ist für eine Täuschung bezeichnend, dass sie ihr Opfer in einen Zwiespalt stürzt: Soll es glauben, was es sieht, oder nicht? Der Empfänger der Botschaft ist gespalten: Er nimmt widersprüchliche Hinweise wahr, die er nicht in ein einheitliches Interpretationsschema einordnen kann.

Genauso stellt sich das Problem eines Kindes etwas Geheimem gegenüber dar: Es weiß nicht, was es von dem halten soll, was es sieht. Diese Betrachtungsweise des Geheimnisses macht verständlich, dass ein Elternteil ein Kind «täuschen» und es nachhaltig verwirren kann, ohne dies zu wollen, gelegentlich sogar, ohne sich dessen bewusst zu sein. Dazu genügt, dass etwas Geheimes seine Psyche spaltet. Jeder, der mit einer Spaltung bei einem Menschen, der ihm nahe steht und ihm etwas bedeutet, konfrontiert wird, beginnt an dem zu zweifeln, was er sieht, hört, spürt und denkt, und mobilisiert einen Großteil seiner psychischen Fähigkeiten, um mit den Schwierigkeiten, die sich daraus ergeben, fertig zu werden.

Die Begriffe Geheimes, Täuschung und das Durchsickern des Geheimen verweisen daher auf ein und dasselbe Phänomen, lediglich von drei verschiedenen Gesichtspunkten aus betrachtet. Das «Durchsickern von etwas Geheimem» vollzieht sich in den Verhaltensweisen, den Handlungen, der Mimik und dem Tonfall, die ein Außenstehender beobachten kann. Das Kind empfindet diese «Täuschung» als verwirrend und beängstigend. Schließlich bezeichnet das «Geheime» die Spaltung des Elternteils, der etwas durchsickern lässt, und zugleich die – andersartige – Spaltung, die in dem Kind stattfindet, wenn etwas durchsickert. Beide, das Kind und der Elternteil, sind zweigeteilt, jedoch auf unterschiedliche Art und Weise. Als Einziges überträgt sich das Vorhandensein einer Spaltung, die jedoch in jeder Generation eine andere Form annimmt.

GEHEIMES UND GEHEIMNISSE

Die Gesamtheit dieser Unterscheidungen ermöglicht uns ein besseres Verständnis des Unterschieds zwischen pathogenen und alltäglichen Geheimnissen. Letztere betreffen beispielsweise das Privatleben oder den Bereich der Sexualität: Jede Einzelperson und jede Familie haben Geheimnisse, ohne dass deswegen etwas Geheimes existieren müsste, da diejenigen, die bestimmte Informationen für sich behalten, keinerlei Zwiespalt empfinden, was den Inhalt der jeweiligen Geheimnisse betrifft. Beispielsweise quält Eltern nie die Frage, ob sie ihren Kindern alles über ihr Sexualleben erzählen sollen. Oder aber hinter ihrem Dilemma verbirgt sich etwas wirklich Geheimes, das dann jedoch ganz und gar nichts mit ihrem Sexualleben zu tun hat! Im Allgemeinen ist es nur natürlich, dass alle intimen Freuden der Eltern geheim bleiben, und niemand käme auf die Idee zu fragen, ob man den Kindern diese Geheimnisse anvertrauen soll. Derlei Geheimnisse tragen vielmehr insofern zur Ausprägung der Persönlichkeit des Kindes bei, als es sie als Bereiche wahrnimmt, in denen die Eltern auch ohne es Freude haben. Die Geheimnisse der Eltern helfen dem Kind bei seinem psychischen Verselbständigungsprozess, weil sie es von der Verpflichtung entbinden, seine Eltern glücklich zu machen. Zudem garantieren die geheimen Freuden der Eltern im Gegenzug dem Kind, dass es seine eigenen geheimen Gärten haben darf …

Bestimmte Geheimnisse, die nichts mit etwas Geheimem zu tun haben, sind nicht nur nützlich, sondern sogar notwendig für die Gestaltung des Familienlebens und die Entwicklung der Persönlichkeit der einzelnen Familienmitglieder, der Erwachsenen ebenso wie der Kinder. Sie errichten gewisse Schranken und ziehen Grenzen, vor allem zwischen den verschiedenen Generationen und Geschlechtern. Im Unterschied dazu geht etwas Geheimes nahezu immer mit zahlreichen Geheimnissen im Rahmen des Beziehungsgeflechts Hand in Hand … selbst wenn es für die betroffenen Familienmitglieder, die sich an sie gewöhnt haben, sehr schwierig ist, sie als solche wahrzunehmen. Jede Familie, in der eine Person infolge von etwas Geheimem gespalten ist – oder war –, lebt mit dessen Schatten, ohne dies überhaupt zu merken. Die Art und Weise, wie das Geheime sich äußert, wird als normal hingenommen, und sei sie auch noch so absonderlich und ungerechtfertigt. In Wirklichkeit ist in einer Familie, in der auf einem der Mitglieder etwas Geheimes lastet, nicht nur dieses «gespalten». Auch alle anderen spalten sich unter dem Einfluss der verzerrten Kommunikation, die dieser eine Angehörige ihnen aufzwingt. Einem Außenstehenden kann das Kind nichts von dieser schmerzlichen Spaltung sagen, die es spürt, aus Angst, einen der Seinen oder sogar die ganze Familie in ein schlechtes Licht zu rücken oder selber als verrückt abgestempelt zu werden … Die Gefühle, die es aufgrund der erahnten Spaltung empfindet, werden unterdrückt, und dies bewirkt unter Umständen eine Blockierung der Emotionalität in zahlreichen anderen Bereichen, die nichts mit dem ursprünglich Geheimen zu tun haben. In anderen Fällen führt die Spaltung zu grundlosen Wutausbrüchen oder Unterwürfigkeit, die weit über das normale soziale Anpassungsverhalten hinausgeht.

PERSÖNLICHE UND KOLLEKTIVE GEHEIMNISSE

Auch wenn dies nicht das Thema des vorliegenden Buches ist, lässt es sich doch nicht umgehen, an dieser Stelle auf die Rolle hinzuweisen, die Geheimnisse und Spaltungen für ein Kollektiv spielen.

Bestimmte Geheimnisse beziehen sich in der Tat einzig und allein auf das Privatleben. Das gilt vor allem für illegitime Kinder oder strafbare Handlungen, die einem anderen Familienmitglied angetan wurden. Andere hingegen betreffen eine Gruppe oder sogar eine ganze Nation. Übrigens wurde der Begriff «psychische Übertragung zwischen Generationen» zur Benennung der unerklärlichen Störungen eingeführt, unter denen die Kinder ehemaliger Deportierter litten.*

Wenn die Kommunikation innerhalb einer Familie aufgrund der Existenz eines schmerzlichen Geheimnisses bei einem Elternteil gestört ist, hängt die Entwicklung eines Kindes weitgehend von seiner Fähigkeit ab, mit anderen Mitgliedern der Gruppe zu sprechen. Wissen die anderen nichts von dem Geheimnis, dann findet das Kind möglicherweise in seiner Umgebung geeignete Gesprächspartner, die ihm helfen können, zumindest teilweise die von dem Elternteil mit einem Geheimnis aufgezwungenen Beziehungsschwierigkeiten zu lösen. Dabei kann es sich um seine Großeltern, aber auch um seine Klassenkameraden, seine Onkel und Tanten, seine Lehrer oder Erzieher handeln. Je privater ein

* M. Bergman und H. Jucovy, Generations of the Holocaust. New York: Basic Books, 1982. Dt.: Kinder der Opfer, Kinder der Täter. Frankfurt am Main: Fischer, 1995.

Geheimnis, desto größer die Wahrscheinlichkeit, dass das Kind mit einem Dritten darüber spricht, der es nicht kennt.

Im Unterschied dazu besteht bei Geheimnissen einer Gruppe die Gefahr, dass die Kinder, die in dieser Gemeinschaft groß werden, auf eine regelrechte «Mauer des Schweigens» stoßen. Die Spaltungen bei den einzelnen Gruppenmitgliedern, die eine Folge der gleichen schmerzlichen Erfahrung sind, verstärken sich wechselseitig in einem Maße, das es dem Kind unmöglich macht, einen Gesprächspartner zu finden, mit dem es offen über das Drama, das es ahnt, reden kann. Dem Kind bleibt daher nichts anderes übrig, als selber eine Spaltung in Zusammenhang mit der Summe der Fragen und Ängste zu vollziehen, die das Erahnen dieses Geheimnisses in ihm auslöst. Gelegentlich halten Gespräche innerhalb der Gruppe die Vorstellung am Leben, dass ein Geheimnis existiert, dessen Inhalt nicht bekannt werden darf. Die Tatsache eines Geheimnisses wird also zugegeben, sein Inhalt jedoch verschwiegen. Auf derlei Situationen trifft man vor allem, wenn es sich um ein Geheimnis handelt, dessen man sich in gewisser Hinsicht schämen muss, das andererseits jedoch auch ruhmreiche Aspekte hat. So kann eine Familie, die auf den illegitimen Nachfahren eines berühmten Geschlechts zurückgeht, die Vorstellung wach halten, es existiere zwar ein Geheimnis, das im Dunkeln bleiben, an das die Erinnerung jedoch bewahrt werden müsse. In den wirklich schwerwiegenden Fällen geht es allerdings um Geheimnisse, deren Inhalt ebenso verborgen bleibt wie ihre bloße Existenz.

Politiker spielen eine wichtige Rolle bei der Schaffung kollektiver Geheimnisse. Beispielsweise behinderten die verschiedenen Regierungen, die von 1945 bis 1990 in Frankreich nacheinander an der Macht waren, unter dem Vorwand der nationalen Versöhnung Bestrebungen, die gesellschaftlichen und psychischen Mechanismen während der Besatzungszeit aufzudecken und damit verständlich zu machen. Es ist gar nicht notwendig, die Vergangenheit dieses oder jenes Regierungsmitglieds oder eines seiner

Freunde aufzudecken. Das Problem besteht vielmehr darin, dass die psychische Verfassung jeder einzelnen Familie weitgehend von ihrem kulturellen Umfeld abhängig ist und davon geprägt wird. Unterbleibt die symbolische Aufarbeitung eines gemeinschaftlichen Erlebnisses innerhalb der Gruppe, fällt es den Nachkommen der an diesem Geschehen Beteiligten, die in die gleiche Gruppe hineingeboren werden, schwer, das, was ihren Eltern oder Großeltern zugestoßen ist, zu verstehen. In jeder Familie treffen die Nachgeborenen auf eine Blindstelle in der Erinnerung der Familie, die sie offenbar nicht verstehen dürfen. Wüssten sie über das fragliche Ereignis Bescheid, dann würden sie erkennen, dass es sich weniger um ein Verbot im eigentlichen Sinne handelt, sondern dass, in kollektivem Maßstab, den Menschen einfach die Worte fehlen, um die verschiedenen Aspekte des Geschehens zu benennen. Viele Eltern lehnen es ab, über bestimmte – vor allem kriegsbedingte – Gemeinschaftserlebnisse zu sprechen, weil diese sie, sooft sie auch nur daran denken, zu sehr erschüttern, um die richtigen Worte dafür zu finden. Aus diesem Grund hat jeder Staat die Pflicht, die bedeutsamen Ereignisse, die seine Bürger durchlebt haben, beim Namen zu nennen, da sonst die Gefahr besteht, dass diese in einen Strudel von Geheimnissen hineingeraten, der dem psychischen Gleichgewicht der Staatsangehörigen schadet. In vielen Familien griff nach dem Krieg ein für die nachfolgenden Generationen verhängnisvolles und verwirrendes Schweigen um sich, da die Geschehnisse in jener Zeit auf kollektiver Ebene verbal nicht aufgearbeitet wurden und da viele Eltern sich ihrem Kind gegenüber im Einklang mit diesem Verschweigen auf politischer Ebene verhielten. Daher leidet nicht nur der Staat insgesamt an einer Art Amnesie, auch zahlreiche Familien kranken an diesen Geheimnissen.

Das Verschweigen bestimmter Ereignisse, die die gesamte Nation betreffen, unterliegt nicht nur den gleichen Mechanismen wie ein Familiengeheimnis, beide verstärken sich darüber hinaus wechselseitig. Jede Familie eines Landes, dessen Staatsangehörige infolge dieses Ereignisses gespalten sind, überträgt die Spaltung auf die Kinder. Diese werden dann, aus Treue der Familie gegenüber, zu Gefangenen derselben Spaltungen, deren Opfer schon ihre Eltern waren. Sie übernehmen sie aus einer Art Familiensolidarität heraus, ohne sich klarzumachen, dass dies einer Unterwerfung unter eine gesellschaftliche Norm gleichkommt, die schon ihren Eltern aufgezwungen wurde und deren Persönlichkeit gespalten hat. In Mikrogesellschaften, zum Beispiel Sekten, wird dies auf die Spitze getrieben. Die wichtigste Voraussetzung für ihren Zusammenhalt und ihre Ausbreitung sind Geheimnisse!

Schließlich kann etwas, das einer Gemeinschaft zugestoßen und in ihr kollektives Gedächtnis eingegangen ist, zu einem privaten Geheimnis bei einem ihrer Mitglieder werden, auch wenn dieses Geschehen als solches keinerlei für die Gemeinschaft schmerzliches Geheimnis in sich birgt. Der Grund dafür ist, dass das jeweilige Geschehen zu einem Vorfall führte, der zum persönlichen Geheimnis der jeweiligen Person und von dieser verdrängt wurde. Eine solche Situation kann sich auf verschiedene Weise ergeben:

– Das Gemeinschaftserlebnis war der Auslöser eines privaten Dramas, etwa eines Todesfalls oder einer Trennung.
– Es kann mit einem solchen Drama zusammenhängen, ohne dessen Ursache zu sein. Nehmen wir einmal an, die Mutter einer Frau ist nach langer Krankheit gestorben, und zwar genau zum Zeitpunkt eines Erdbebens oder eines Bombardements. Zwischen beiden Ereignissen besteht keinerlei ursächlicher Zusammenhang. Wenn dann die Trauerarbeit um die Mutter nicht geleistet wurde, kann es passieren, dass das Erdbeben oder das Bombardement sich auf eine Art und Weise mit dem Schmerz über diesen Tod verbindet, dass alles, was diese Ereignisse ins Gedächtnis ruft, gleichzeitig die traumatische Erinnerung an die nicht geleistete Trauerarbeit heraufbeschwört. Wenn diese dazu verdammt ist, geheim zu bleiben, besteht be-

trächtliche Gefahr, dass das Gleiche mit dem damit verbundenen Geschehen passiert.

– Zwar hat die Gemeinschaft dieses kollektive Erlebnis aufgearbeitet, einem ihrer Mitglieder ist dies jedoch nicht gelungen, und zwar aus Gründen, die mit seiner persönlichen Geschichte zusammenhängen. In diesem Fall beschwört das Ereignis die Erinnerung an ein früheres, verdrängtes Drama herauf, von dem seine Umgebung nichts weiß und das bei ihm heftige, aber diffuse Scham- oder Schuldgefühle auslöst.

Doch wir wollen uns hier auf die Familiengeheimnisse beschränken. Sie lassen sich, wie schon gesagt, vor den Kindern nicht verbergen. Auf diesen Punkt wollen wir nun näher eingehen: Das Geheime wird immer «durchsickern» ...

KANN MAN ein Geheimnis wirklich wahren? Nur allzu gern glauben Erwachsene, die ihrem Kind etwas verheimlichen, es habe keinerlei Möglichkeit, das herauszubekommen. Ein Kind erahnt jedoch ein Geheimnis bei den verschiedensten Gelegenheiten. Warum? Weil es sich nicht nur über Worte mitteilt. Es macht sich in einem bestimmten Tonfall, in bestimmten Gesten, in der Verwendung unstimmiger oder ungewohnter Worte und sogar in den Gegenständen bemerkbar, mit denen der Geheimnisträger sich umgibt! Je nach Umständen und Persönlichkeitsstruktur äußert das «Durchsickern» von Geheimnissen sich entweder als «Schrei» oder als «Flüstern». Aber immer wirkt es sich auf die Art und Weise aus, wie jemand, der etwas verheimlicht, mit seinen Verwandten, Freunden, Arbeitskollegen und Kindern umgeht. Freunde und flüchtige Bekannte haben allerdings keinen Grund, sich von einem Geheimnis, das sie bei ihrem Gegenüber vermuten, beeinflussen zu lassen. Im Gegensatz dazu laufen diejenigen, die eine starke Gefühlsbindung an ihn haben, Gefahr, dadurch schwer geschädigt zu werden. Kinder sind wohl am empfänglichsten dafür, denn sie sind ja in der Tat bei ihren Symbolisierungsprozessen von den Eltern abhängig. Für jedes Kind sind die Eltern ungeheuer wichtig, und deshalb ist es überaus empfänglich für jedes Anzeichen von etwas Geheimem. Kinder nehmen die schmerzlichen Spaltungen ihrer Eltern viel deutlicher wahr als alle anderen, bemühen sich jedoch krampfhaft, ihre Eltern in dem Glauben zu lassen, sie hätten keine Ahnung! Die Eltern scheinen doch so großen Wert darauf zu legen. Aus diesem Grund sind Kinder alles andere als passive Zeugen der Art und Weise, wie ein Geheimnis bei einem Elternteil zum Ausdruck kommt. Da sie ihren Eltern helfen wollen und als Reaktion auf die Sorgen, die sie bei ihnen spüren, ein bestimmtes Verhalten an den Tag legen, sind sie vielmehr aktiv beteiligt. Das Problem ist nur, dass solche Anpassungen bei ihnen schwere Störungen hervorrufen können.

NAIVE UND SCHRECKLICHE FRAGEN

Wenn ein Kind ein Geheimnis spürt, das man vor ihm verbirgt, dann stellt es sich unvermeidlich bestimmte quälende Fragen, etwa: «Belügen meine Eltern mich?» – «Aber weshalb sollten sie lügen?» – «Was habe ich bloß getan, dass meine Eltern glauben, ich verdiene es nicht, etwas zu erfahren, das alle anderen wissen?» – «Haben meine Eltern etwas getan, wofür sie sich schämen müssen?» – «Habe ich selber vielleicht etwas getan, für das ich mich schämen müsste, sodass sie es für notwendig halten, mir etwas zu verheimlichen?»

Manchmal sind diese Fragen eher naiver Art, doch sie können auch schrecklich sein, wie folgende Kindheitserinnerung zeigt. Der Maler Henri Cueco berichtet von den Fragen, die er sich wegen eines Geheimnisses stellte … das in Wirklichkeit gar keins war.[*] Einzig dadurch, dass seine Eltern ihm etwas verschwiegen, das ihn ganz persönlich betraf, war es zu einem solchen geworden. Er war mit einer üblicherweise als Hasenscharte bezeichneten Behinderung zur Welt gekommen, doch man hatte den kleinen Cueco groß gezogen, ohne ihm etwas von dieser Besonderheit zu sagen. Als er fünf war, sprach der Hausarzt, der vorbeigekommen war, um nach seinem Großvater zu sehen, die schicksalhaften

[*] L'Ane, April 1995, Nr. 60, p. 25–28.

38

Worte aus, die in der Familie Cueco offenbar verboten waren. Der Arzt streichelte die Oberlippe des kleinen Henri «unterhalb der Nase» und sagte: «Wie geht's denn meinem Häschen?» Dann fügte er hinzu: «Wirklich ein hübscher Hasenschnabel!»* Natürlich weckte die Bemerkung des Arztes die Neugierde des Jungen. Er fragte also seine Großmutter, bei der er wohnte und der er sehr nahe stand. «Als ich sie fragte, sagte sie nur, ein Hase sei so etwas wie ein wildes Kaninchen; dann hat sie so getan, als müsste sie dringend irgendetwas im Haushalt erledigen und hätte daher keine Zeit, mir mehr zu erzählen. An den darauf folgenden Tagen wagte ich es nicht, noch einmal zu fragen, solche Angst hatte ich vor einer Antwort.»

Diese unbeantwortete Frage – über die anscheinend niemand in Cuecos Umgebung zu sprechen wagte – wurde zu einer Quelle beängstigender, gelegentlich albtraumhafter, immer aber ausgrenzender Vermutungen und Phantasievorstellungen. Alle diese in der Psyche eines Fünfjährigen verwurzelten Mutmaßungen erschienen ihm plausibel. Als er im Alter von ungefähr sechs oder sieben Jahren selbständig zu denken anfing, hätten sie «verdrängt» werden können und hätten dann nur noch im Unterbewusstsein nachgewirkt. In den meisten Fällen geschieht dies tatsächlich, selbst wenn die verdrängten Phantasien später bestimmte Lebensbereiche des Erwachsenen beeinflussen können, ohne dass er sich dessen bewusst ist. Doch Cueco, einem Künstler, bleibt seine Kindheit außergewöhnlich gegenwärtig, und so kann er die Fragen, die er sich damals angesichts des Schweigens der Familie mit der Grausamkeit eines Fünfjährigen stellte, rekonstruieren.

Zunächst richtet das Kind sie an «alle Spiegel im Haus: ‹Hasenschnabel› hatte der Doktor gesagt, und immer wieder befragte ich den Spiegel, indem ich mich in ihm betrachtete. Was hatte es mit diesem ‹Schnabel› auf sich? Die Scharte da erinnerte mich zwar

* Auf Französisch bedeutet bec-de-lièvre «Hasenschnabel» (Anm. d. Ü.).

irgendwie an einen Hasen, aber der ‹Schnabel›, was genau war dieser ‹Schnabel›? War er vielleicht der einzelne Schneidezahn neben der Lücke, wo ein Zahn fehlte, oder meine gekrümmte Nase, die ich vor dem Spiegel mit dem Daumen, den ich in das zusammengequetschte Nasenloch steckte, gerade bog? Meine schöne indianische Adlernase, die sollte ein ‹Schnabel› sein …?»

Immer wieder wachsen diese Fragen sich zu regelrechten Angstvorstellungen aus: «Warum war ich nicht in einem Hasenstall? Wann würde man mich als Hasenragout verspeisen? Ich stellte mir das köstliche Gericht vor, das meine Großmutter aus ihrem Lieblingshäschen zubereiten würde, und war traurig, weil ich bei dem Festmahl nicht dabei sein würde.»

Bei anderen Gelegenheiten, wenn ihm keiner aus der Familie zusieht, probiert der Junge, einen Hasen nachzumachen, der eine Karotte mümmelt, und verzieht fieberhaft sein kreuzförmig gespaltenes Mäulchen. Oder er begründet eine eingebildete Benachteiligung mit seiner Behinderung. «Während meine vier Brüder und Schwestern im Erdgeschoss bei den Eltern lebten, wohnte ich bei meiner Großmutter. Sie war so etwas wie meine Ziehmutter. Nach dem Hausbesuch des Arztes glaubte ich damals, eine Erklärung für diese Absonderung gefunden zu haben, deren angeblicher – jedoch tatsächlich zutreffender* – Grund die Beengtheit der Wohnung im Erdgeschoss war. Ich fühlte mich von meinen Eltern verstoßen.»

Die Furcht vor Zurückweisung und vor der Missbildung verleiht der geringsten Zweideutigkeit eine beängstigende Bedeutung: «Als meine Mutter behauptete, ich sei verwöhnt und verdorben, kam es mir so vor, als spreche sie von verdorbenem Obst.»

Schließlich kommt die Angst in Scham und Schuldgefühlen zum Ausdruck:»… in mir setzte sich die Vorstellung fest, ich hätte etwas an mir, worüber man nicht sprechen dürfe, einen Makel,

* Anmerkung des Autors.

der Schande über die Familie bringen würde, wenn er ans Licht käme; oder dass es sich vielleicht um eine Strafe handelte, deren lebender Beweis ich war.»

Später, als er lesen lernt, versucht er nach wie vor, eine Antwort auf die Frage zu finden, die ihn auch weiterhin beschäftigt: «Wo, wann und warum haben Hasen einen Schnabel gehabt? Sollte ich Benjamin Rabier glauben, der sich da auskennt und die Tiere des Waldes zu Konzilien zusammenruft, aber keine von diesen Phantasiegestalten erwähnt? Ich schlug in naturwissenschaftlichen, in paläontologischen und in Wörterbüchern nach, fand aber keine Spur von einem geschnäbelten Hasen, einem Hasen mit einem Schnabel, einem zu schnabulierenden Hasen oder einer Schnabelhäsin.»

In der Adoleszenz, als Fragen zu Sexualität und Empfängnis ihn beschäftigen, beleben sich die kindlichen Phantasievorstellungen Henri Cuecos, die er sich mit etwa fünf Jahren aufgrund des Schweigens in seiner Familie zurechtgebastelt hatte, aufs Neue: «Aus den Andeutungen in meinem Geschichtsbuch zog ich im Alter von etwa dreizehn Jahren den Schluss, ich sei das Ergebnis des schändlichen Auslebens einer zoophilen Neigung, bei dem mein Vorfahr sich im Dunkel der von Druiden bewohnten Wälder mit einem Hasen vereint hatte.»

Verständlicherweise konzentrieren seine sexuellen Phantasien sich auf den Teil seines Körpers, der zentraler Gegenstand seiner Neugierde ist, auf den berüchtigten «Schnabel». Anstatt die Sexualität im Bereich genitaler Repräsentationen anzusiedeln, wird der junge Cueco von Phantasievorstellungen gequält, die etwas mit seinem Mund zu tun haben: «Plötzlich kam mir die Antwort völlig einleuchtend vor. Der nicht vorhandene ‹Schnabel›, diese Spalte, diese Narbe, dieses Wundmal, über das keiner mit mir sprach, erschien mir als Geschlechtsorgan, als die Spur davon, dass man es herausgerissen hatte […] Von da an hatte ich das Bedürfnis, mein Gesicht und vor allem die Nase zu verbergen und einen verschwiegenen und leidvollen Eindruck zu machen.»

Schließlich wird er krank: «Beim kleinsten Anlass öffneten sich Wunden an meinem Körper, die Lymphknoten schwollen zu Wundmalen an.»

Henri Cueco glaubt fast, seine Hasenscharte habe all das gesteuert, «meine Gesten, meine Sprechweise, mein Sozialverhalten». In Wirklichkeit aber war der Grund weniger dieser «Schnabel» als vielmehr das Schweigen der Familie und die Scham des kleinen Cueco. «Zu meiner großen Überraschung erfuhr ich mit etwa fünfzig, dass man eine solche Narbe durch eine entsprechende Behandlung fast beseitigen kann. Ich wunderte mich, dass etwas derart Einfaches mir gar nicht in den Sinn gekommen war. Früher wunderte ich mich über die Weigerung meiner Eltern, die Narbe entfernen zu lassen, heute eher über meine eigene Weigerung. Doch dann stellte ich fest, diese Narbe, um die sich eine ganze Persönlichkeit aufgebaut hatte, gehörte zu mir.»

Man könnte noch hinzufügen, Henri Cueco sei auch seinen Eltern, die nicht mit ihm darüber sprechen wollten, treu geblieben, als er seiner Hasenscharte die Treue hielt. Wie ließe es sich sonst erklären, dass der Maler vor dem fünfzigsten Lebensjahr keine Ahnung von der Möglichkeit einer Operation gehabt haben will – obwohl es sich doch um einen seit langem bekannten und alltäglichen Eingriff handelt –, außer man geht davon aus, er habe selber, wie seine Eltern, Schweigen über seine Missbildung bewahrt? Wenn er mit niemandem darüber sprach, konnte auch niemand ihm einen entsprechenden Hinweis geben!

Bis zu einem gewissen Grad kann man alle Geheimnisse mit der Hasenscharte Cuecos vergleichen. Nicht die ihnen zugrunde liegende Wirklichkeit ist das Problem, sondern das Fehlen eines offenen Gesprächs darüber mit dem Kind. Daher ist es kaum von Bedeutung, ob es den Inhalt des Geheimnisses kennt. Der kleine Henri Cueco wusste sehr wohl, dass er eine Hasenscharte hatte. Er brauchte ja nur in den Spiegel zu schauen, um sie zu sehen. Allerdings konnte er sie nicht begreifen oder, wenn man so will, aufgrund des Schweigens und der Scham der Familie den damit verknüpften Erfahrungen nicht den ihnen zukommenden Platz in seiner Gesamtpersönlichkeit zuweisen.

ÜBERTRAGUNG ODER BEEINFLUSSUNG?

Heutzutage verwendet man zur Bezeichnung der psychischen Austauschprozesse zwischen den Generationen mit Vorliebe den Begriff «Übertragung», der jedoch etwas problematisch ist, da er die Vorstellung vermittelt, zwischen den Generationen werde genau das empfangen, was ausgesandt wird. Nun *konstruiert* aber jeder Neuankömmling in dieser Welt im Verlauf seiner psychischen Entwicklung in ständiger Wechselbeziehung mit den Menschen in seiner Umgebung sein individuelles Seelenleben.

Informatiker definieren Kommunikation in Begriffen von Information. Sie stellt einen Reiz dar, der eine Reaktion auslöst. Für Psychoanalytiker hingegen bedeutet Information etwas ganz anderes. Zwar wirkt sie ebenfalls als Ursache, die eine Wirkung hervorruft, doch diese Wirkung ist ganz anderer Art als die Reaktion auf einen Stimulus. Hier handelt es sich um einen Prozess psychischer Repräsentation. Will man die Dynamik von Geheimnissen über mehrere Generationen hinweg verstehen, muss man daher bei diesem Symbolisierungsprozess ansetzen.

Für alles, was uns widerfährt, müssen wir eine psychische Entsprechung finden. Die Symbolisierung ist diese spezielle psychische Arbeit, mit der wir uns die Welt *aneignen*. Zur Veranschaulichung dieses Prozesses können wir uns das psychische System als eine Art Verdauungskanal vorstellen. Um die aufgenommene Nahrung in unseren Stoffwechsel einzuschleusen, müssen wir sie zunächst in ihre Bestandteile auflösen und diese dann als Ausgangsmaterial verwenden. Auf die gleiche Weise müssen wir unsere Erfahrungen der Welt, um sie uns aneignen zu können, in ihre Bestandteile zerlegen und diese dann mit unseren früheren Erfahrungen in Verbindung bringen. Unglücklicherweise gelingt dies oft nicht, und stattdessen findet eine Art psychische *Einschließung* statt.

Zu einer «psychischen Einschließung» eines Ereignisses kommt es, wenn es nicht vollständig «assimiliert», das heißt angeeignet werden kann. Bestimmte – sensorische, motorische oder phantasierte – Komponenten dieses Geschehens werden dann in eine psychische «Vakuole» (eine Art Hohlraum) eingeschlossen, von wo aus sie sich störend auf das Denken oder die sozialen Beziehungen auswirken. Das passiert immer dann, wenn eine Situation zu gewaltsam oder brutal ist, um assimiliert zu werden – etwa eine Naturkatastrophe oder ein Krieg –, aber auch, wenn die Umgebung, die normalerweise diese Assimilation unterstützen sollte, dazu nicht in der Lage ist. Einem Menschen, der keinen Gesprächspartner findet, dem er seine Erfahrungen der Welt über emotionale, gestische oder verbale Äußerungen mitteilen kann, fällt ihre Assimilierung meist sehr schwer.

Solche Situationen lassen sich besser verstehen, wenn man die unterschiedlichen Möglichkeiten einer Symbolisierung in Betracht zieht. Denn der Mensch symbolisiert die Welt nicht nur mit Hilfe von Worten. Es gibt auch Formen der Symbolisierung, die über Gesten, Verhaltensweisen und Mimik ablaufen: Eine Ohrfeige oder eine zärtliche Berührung sind ebenso Akte einer Symbolisierung wie das Weinen oder die Benennung eines verwirrenden Gefühls. Symbolisierungsprozesse können auch über Bilder ablaufen, die man sich ausdenkt, oder erzählend verarbeitet werden. Berücksichtigt man diese unterschiedlichen Formen der Symbolisierung, wird einem klar, wie sehr das Seelenleben jeder neuen Generation von dem der vorangegangenen geprägt wird.

Wir wollen dies anhand eines Beispiels näher ausführen. Man könnte es als «Die Geschichte von dem kleinen Hund, der einen Regenschirm verschlungen hat und daran gestorben ist» bezeichnen. Diese Geschichte erzählte mir eine Frau, die Angst vor Sexualität hatte und erklärte, sie habe sich für Kinderlosigkeit entschieden, weil sie von einer Schwangerschaft krank zu werden befürchte. Eines Tages erinnerte sie sich wie nebenbei an eine Geschichte, die ihr der Vater vor dem Einschlafen oft erzählt hatte.

«Es war einmal ein niedlicher kleiner Hund. Eines Tages fand er einen Regenschirm, spielte damit und verschlang ihn. Unglücklicherweise begann es wenig später zu regnen … Der Regen tropfte auf den kleinen Hund. Daraufhin öffnete der Schirm sich ganz allmählich … und daran starb der kleine Hund.» An dieser Stelle fügte der Vater meistens hinzu: «Der arme kleine Hund» und fing an zu weinen. Auch das Mädchen weinte dann. Anschließend wünschte der Vater dem Mädchen eine gute Nacht und schöne Träume … aber wer weiß, vielleicht waren es auch schreckliche Albträume.

Später erfuhr die Heranwachsende von einem Vorfall in der Familie, den man ihr bislang immer verschwiegen hatte: Ihre Großmutter väterlicherseits war bei der Geburt ihres Vaters gestorben. Wie so oft, wenn in einer Familie ein Geheimnis existiert, war die Geschichte von dem kleinen Hund eine Fabel, die es dem Vater ermöglichte, sich insgeheim an das Drama und seine dadurch hervorgerufenen Schuldgefühle zu erinnern. In gewisser Weise war er der Regenschirm gewesen, der sich im Leib seiner Mutter geöffnet und sie getötet hatte.

Für diejenigen, die die Auswirkungen dieses Geheimnisses als «Übertragung» zu verstehen versuchen, wollen wir diese Vorstellung übernehmen und sie näher untersuchen. Zunächst einmal könnte man das, was hier weitergegeben wird, als kindliche Sexualtheorie betrachten: Der Penis des Mannes wird «beim Spielen» verschlungen. Wenn dann die ersten Regentropfen fallen, mit anderen Worten: die Samenflüssigkeit des Vaters, «öffnet sich» der Regenschirm, das heißt, der Penis verwandelt sich in den Embryo, der die Mutter umbringt, wenn er heranwächst. Man kann nun nicht einfach sagen, der Vater «übertrage» diese Theorie. Für ihn geht es ja nicht um die kindlichen Vorstellungen von Sexualität, sondern um sein Schuldgefühl. Mit der Geschichte versucht er sich selber davon zu überzeugen, der Regenschirm habe sich nicht aus eigenem Antrieb geöffnet; anders ausgedrückt: er habe nicht den Wunsch gehabt, im Leib seiner Mutter heranzuwachsen und sie so zu töten. Zunächst war es der Fehler seiner Mutter: Sie hätte den Regenschirm ja nicht zu verschlingen brauchen. Und dann hat Gott einen Fehler gemacht: Er hätte es nicht regnen lassen dürfen; anders gesagt: Sein Vater hätte die Mutter nur nicht zu schwängern brauchen!

Im Gegensatz dazu spiegelt die Geschichte für das Mädchen auf fatale Weise seine kindlichen Sexualvorstellungen wider. Sie wächst mit einer schrecklichen Angst vor Schwangerschaft und Sexualität heran. Für sie wird die Geschichte zu einem äußerst wirksamen Verhütungsmittel. Dieser Verhütungseffekt ist teilweise die Folge eines Gefühls von Schuld, das auch ihr Vater verspürt. Doch dieser Schuld kommt bei beiden ein jeweils unterschiedlicher Stellenwert zu. Beim Vater spielt sie eine zentrale Rolle und resultiert aus dem quälenden Gedanken, seine Mutter umgebracht zu haben. Hingegen ist sie bei dem Mädchen zweitrangig und der Angst untergeordnet, selber zu sterben: Ein Kind zu bekommen bringt einen um, und der Vater wäre untröstlich, wenn sie sterben würde. Eine Bestätigung findet dies darin, dass diese kindlichen Sexualvorstellungen im Leben des Vaters nur eine unerhebliche Rolle spielten (sie hielten ihn nicht davon ab, zu heiraten und mit seiner Frau drei Kinder zu haben), während sie sich bei seiner Tochter verheerend auswirkten: Sie hinderten sie daran, selber Kinder zu bekommen, und deformierten ihre Einstellung zur Sexualität gründlich.

Betrachtet man die Geschichte vom Standpunkt der Übertragung aus, ergibt sich lediglich eine vage, nicht besonders aufschlussreiche Gemeinsamkeit zwischen Vater und Tochter: ein Gefühl der Schuld, das bei beiden nicht einmal das gleiche ist, und kindliche Sexualvorstellungen, deren Auswirkungen bei beiden völlig unterschiedlich sind. Geht man hingegen von dem Versuch eines jeden Menschen aus, seine eigenen Welterfahrungen zu symbolisieren, erschließt sich die ganze Bandbreite der Wechselbeziehung zwischen den zwei Generationen in dieser Geschichte. Der Vater, der seiner Tochter die Geschichte vom «kleinen Hund» erzählt, unternimmt damit den Versuch, etwas aufzuarbeiten, das in seiner Psyche nicht vollständig symbolisiert wurde: den Tod seiner Mutter. Darauf kommt es an, selbst wenn vielleicht auch noch andere Gründe eine Rolle spielen, etwa die Suche nach einer Art inzestuöser Beziehung zu seiner Tochter. Im Unterschied dazu entwickelt seine Tochter bei dem Versuch, das zu symbolisieren, was sie an der vom Vater erzählten Geschichte nicht begreift, ihre Schwangerschaftsphobie.

Wollen wir verstehen, wie dies abläuft, dürfen wir die Symbolisierung also nicht auf eine Verbalisierung beschränken. Der Vater, der seiner Tochter jeden Abend diese Geschichte erzählt, vermittelt ihr eine bildhafte Darstellung dessen, was er erlebt hat: Die Geschichte vom kleinen Hund ist eine Illustration des Erlebten und zugleich ein großartiger Bildlieferant für alle, die sie hören. Darüber hinaus bringt der Vater eine gefühlsmäßige Symbolisierung zum Ausdruck: Er weint. Das Problem ist nur, die Tochter kann dieses Gefühl und die Traurigkeit des Vaters nicht verstehen. Und da sie diese von ihrer erwachenden Sexualität her zu begreifen versucht, bildet sich in ihr die Vorstellung heraus, ein Kind zu haben bedeute den Tod.

Jeder Mensch eignet sich also in ständiger Wechselbeziehung zu seinen Mitmenschen seine eigenen Welterfahrungen an. Nichts wird in die Psyche des anderen übertragen, sondern alles verändert sich, da es auf eine für die jeweilige Person charakteristische Weise symbolisiert wird. In jedem Fall baut eine solche Aneignung auf *Bindung* auf, da wir nur das hinreichend symbolisieren, was wir in der Beziehung zu einer anderen Person verwirklichen. Das Mädchen hätte sich trotz des Verhaltens seines Vaters anders entwickelt, hätte ein anderes Familienmitglied ihm früher die Wahrheit gesagt.

Jedenfalls ermöglicht einzig die Berücksichtigung der verschiedenen Formen von Symbolisierung ein Verständnis von Problemen, die ansonsten unlösbar blieben: Nur weil bestimmte Geschehnisse auf eine ganz spezielle Weise symbolisiert werden, können sich daraus über mehrere Generationen hinweg Störungen ergeben. Ehe wir versuchen, die Auswirkungen von Geheimnissen besser zu verstehen, wollen wir daher genauer auf die unterschiedlichen Symbolisierungsformen eingehen.

SPRECHEN UND IMAGINIEREN

Aus unseren alltäglichen Erfahrungen konstruiert unsere Psyche unablässig sensorische, bildhafte, emotionale, motorische und verbale Repräsentationen. Diese verschiedenen Arten von Symbolisierung sind nicht gleichwertig, sondern ergänzen sich.

Die *verbale Symbolisierung* stellt eine Umsetzung in Worte dar. Sie bewirkt in zweifacher Hinsicht eine Distanzierung vom symbolisierten Ereignis. Einerseits wird es im Nachhinein und meist in einer veränderten Situation *benannt*; andererseits stellt diese Benennung eine völlig willkürliche Codierung der Information dar: Das Wort «Stuhl» hat ebenso wenig mit dem realen Gegenstand Stuhl zu tun wie das Wort «Giraffe» mit dem Tier, das diesen Namen trägt.

Im Unterschied dazu beziehen die *sensorischen, affektiven und motorischen Symbolisierungen* diejenigen Körperbewegungen mit ein, die die Grundlage sozialer Bindungen bilden, aber auch Gesten, Mimik und Schreie. Die Besonderheit dieser Art von Symbolisierung besteht darin, dass sie sehr eng mit dem Körper verbunden ist: Man leistet sie nicht nur, sondern ist unmittelbar, nämlich körperlich daran beteiligt.

Die *bildhafte Symbolisierung* schließlich liegt in der Mitte zwischen den beiden anderen Formen. Sie stellt eine erste Projektionsfläche dar, von der aus es dem Denken möglicherweise gelingt, sich von seinem Gegenstand abzulösen.

Jede dieser Symbolisierungsformen stellt also eine physische und psychische Distanz zu dem Ereignis her, die im Fall der gesprochenen Sprache am größten und im Fall der Gestik am kleinsten ist. Man kann sagen, die verbale Symbolisierung schaffe eher Distanz, während die sensomotorisch-affektive Symbolisierung zu einer Art Vergegenwärtigung führt. Die Symbolisierungsarbeit der Psyche stützt sich auf Distanzierung wie auf Vergegenwärtigung gleichermaßen, so wie der Mensch zum Gehen beide Beine gebraucht. In der Psyche treten die Dinge nur in dem Maße in Erscheinung, in dem sie eine Verbalisierung ihrer Existenz und zugleich eine Inszenierung ihrer Gegenwärtigkeit erfahren. Und genau das scheitert, wenn bestimmte Welterfahrungen in eine psychische Vakuole eingeschlossen werden. Es kommt dann zu Formen einer nur teilweisen – insbesondere emotionalen und motorischen – Symbolisierung erlebter Ereignisse, die sich in der jeweiligen Person einnisten, ohne dass diese selber die Ursache erkennt; dies kann ihre Angehörigen nachhaltig beeinflussen.

Nehmen wir beispielsweise einen Vater, den nach wie vor das Geheimnis eines sexuellen Traumas beschäftigt, das er in seiner frühen Kindheit erlitten hat. Seine Äußerungen zärtlicher Gefühle seinem Sohn gegenüber verändern sich in dem Augenblick, in dem dieser das Alter erreicht, in dem er selber traumatisiert wurde, und er wird in seinen Gesten der Zuneigung zurückhaltender. Aufgrund des veränderten Verhaltens des Vaters spürt der Junge, dass eine schmerzliche Vorstellung seinen Vater quält. Diese Wahrnehmung erfährt jedoch keine verbale Bestätigung. Wenn er versucht, mit seinem Vater darüber zu sprechen, leugnet dieser unter Umständen sogar. Der Sohn kann das merkwürdige und schmerzliche Geschehen also ausschließlich über die sensomotorisch-affektive Symbolisierung nachvollziehen. Deshalb ist der psychische Tatbestand, den der Junge im Rahmen dieser Erfahrung mit seinem Vater konstruiert, teilweise real, denn auf eine bestimmte Art und Weise wurde er ja symbolisiert; teilweise bleibt er jedoch virtuell, da keine andere Art von Symbolisierung stattgefunden hat.

In einem anderen Fall verdüstert sich plötzlich die Miene einer Mutter, die ihr Kind ansonsten immer anlächelt. In einem dritten versteift sich ein Vater, der sein Kind beim Fernsehen auf den Schoß genommen hat, plötzlich und schiebt das Kind von sich weg. Derlei abrupte Änderungen der Haltung, der Mimik, des Verhaltens oder der Sprechweise haben immer einen eindeutig benennbaren Grund. In der Tat glaubte diese Frau plötzlich, im Blick ihres Kindes oder sogar in seiner bloßen Gesichtsform etwas wahrzunehmen, das sie an das Gesicht ihres Vater in einem Augenblick erinnerte, als sie Angst vor ihm hatte. Und den Vater, der in aller Ruhe mit seinem Sohn fernsah, erschütterte unvermittelt ein Wort oder ein Bild, die in ihm eine demütigende Erinnerung aus seiner Vergangenheit wachriefen. Unter solchen Umständen kommt eine verwirrende Erinnerung häufig nicht als symbolische Repräsentation zum Ausdruck. Sie wird nicht durch ein inneres Bild der lange zurückliegenden Situation symbolisiert, sondern über Gesten, Mimik oder Tonfall. Wir haben dies als «Durchsickern des Geheimen» bezeichnet.

In allen diesen Fällen können wir besser verstehen, wie ein Geheimnis verborgen sein und zugleich zur Schau gestellt werden kann, wenn wir die drei einander ergänzenden Symbolisierungsformen berücksichtigen. Die Erfahrung, die einem Geheimnis zugrunde liegt, wurde nur auf bestimmte – im Allgemeinen sensomotorisch-affektive – Art und Weise symbolisiert. Für das Kind bedeutet dies, dass eine psychische Erfahrung nur teilweise – das heißt in lediglich einer oder zwei der drei möglichen Ausdrucksformen – symbolisiert wurde. Dies führt zwangsläufig zu einer Spaltung seiner Persönlichkeit, damit es mit den gestörten Symbolisierungsprozessen fertig werden kann. Diese Abspaltungen und die damit verbundenen Verleugnungen der Realität sind der Ursprung affektiver Störungen, die die Kommunikations- und Lernmöglichkeiten des Kindes beeinträchtigen. Diese psychischen Störungen sind umso gravierender, wenn die widersprüchlichen Erfahrungen sich auf Bereiche erstrecken, die bei der Strukturierung der Persönlichkeit vermutlich schon sehr früh eine Rolle spielen. Treten beispielsweise bei einer Mutter Symbolisierungsstörungen auf, die sich auf ihr Stillverhalten auswirken, kann dies schwerwiegende Folgen für ihr Baby haben.

Nicht immer wird die Entwicklung der Persönlichkeit von Kindern, die in einer Familie mit einem Geheimnis aufwachsen, auf dramatische Weise beeinträchtigt. Häufig wissen sie jedoch nicht, welchen Stellenwert sie dem beimessen sollen, was sie sehen, hören und empfinden. Oft kommt es bei ihnen zu scheinbar unverständlichen emotionalen Verwirrungszuständen, und sie scheinen nicht in der Lage zu sein, Entscheidungen zu treffen. Darüber hinaus entwickeln sie unwillkürlich Phantasievorstellungen von dem, was man ihnen ihrem Gefühl nach verbirgt. In diesen Phantasien stellen sie sich manchmal die Wahrheit, oft aber auch ganz andere Dinge vor!

Jeder weiß, wie sehr die «Leerstellen» in einer Erzählung die Phantasie anregen. Was nicht ausgesprochen wird, stellt man sich vor. Die mangelnde Übereinstimmung zwischen dem beobachteten Verhalten und den Erklärungen, die man dem Kind dafür liefert, spielen die gleiche Rolle. Jede dieser Lücken und Bruchstellen wirkt als Aufforderung zum Verstehen wie auch zum Phantasieren – und zugleich als ein Verbot zu verstehen. Da sie das Denken nicht verhindern können, lösen diese Diskrepanzen bei dem Kind verschiedene Anpassungsprozesse aus. Einige betreffen ausschließlich das Verhalten, andere hingegen gehen mit komplexen Phantasievorstellungen einher, und zwar schon geraume Zeit bevor das Kind zu sprechen lernt. Diese Phantasien bilden sich im Rahmen seiner kindlichen Vorstellungswelt aus, das heißt mittels der Worte, über die es verfügt, sowie entsprechend der Art, wie die Welt sich ihm zu dieser Zeit darstellt.

3 DER TRUGSCHLUSS DES GUT GEMEINTEN

MEISTENS WERDEN familiäre Ereignisse aus dem Wunsch heraus geheim gehalten, die Kinder zu schonen: Eine Mutter verheimlicht ihrem Sohn, dass sein Vater nicht sein wirklicher Vater ist, um ihn nicht zu «traumatisieren»; aus dem gleichen Grund verschweigt ein Vater seinen Kindern, dass er seinen Arbeitsplatz verloren hat; ein Elternteil verbirgt Drogenabhängigkeit oder kriminelle Handlungen des Großvaters oder der Großmutter; ein Mann unterschlägt seine uneheliche Geburt, da er für seine Mutter oder sich selber Angst vor der «Schande» hat, und so weiter. In all diesen Fällen ist der Grund für das Verschweigen der Wunsch, das oder die Kinder zu schützen. Häufig hört man dann Sätze wie «Er (sie) ist noch zu klein, um das zu verstehen» – «Man sollte das Leben der Kinder nicht mit derlei Dingen belasten» – «Sie (oder er) wird es noch früh genug erfahren». Auf die Fragen der Kinder antwortet man wie zur Entschuldigung: «Das wirst du schon noch verstehen, wenn du erst einmal größer bist» oder auch: «Irgendwann erzähle ich dir das vielleicht...» Doch die Geheimnisse, die die Eltern angeblich aus Rücksicht auf die Kinder für sich behalten, bereiten diesen viel größere Schwierigkeiten als die Probleme, vor denen sie sie bewahren wollten.

Jacqueline ist achtundvierzig. Die Scham, die sie schon früh ungeheuer belastete, hat sie nicht vergessen: Sie war ein uneheliches
Kind, durfte dies aber nicht wissen. Der Mann ihrer Mutter war
gestorben und hatte sie mit zwei Kindern, Jacqueline und einer
jüngeren Tochter, zurückgelassen. Jacqueline hatte schon sehr
früh gespürt, dass diese nicht wirklich ihre Schwester war. Außerdem erinnert sie sich, dass sie ihre Mutter und ihre Großmutter –
die lange Zeit bei ihnen wohnte – gefragt hatte, wer und wo ihr
Vater sei. Die erste Antwort, die sie erhielt, stillte ihre Neugierde
für kurze Zeit: Ihr Vater war angeblich bei einem Schiffsunglück
auf hoher See umgekommen. Doch Jacqueline hatte in dieser
Antwort etwas gespürt, das nicht «normal» gewesen war, eine gewisse Verlegenheit bei Mutter und Großmutter. Also hakte sie
noch einmal nach. Darauf antwortete ihre Großmutter äußerst
schroff: «Das geht Kinder nichts an!»

In dem Augenblick begriff Jacqueline, dass ihr Erzeuger nicht
der jetzige Familienvater war. Außerdem war ihr seit jeher aufge-
fallen, dass die Familie des Vaters ihrer jüngeren Schwester un-
gleich größere Aufmerksamkeit widmete als ihr. Zum Beispiel bekam die Jüngere oft etwas geschenkt, während man für sie keine
Präsente, ja nicht einmal Zeichen von Zuneigung übrig hatte. Als
Jacqueline ihre Mutter erneut fragte, erhielt sie dieselbe Antwort:
Das gehe sie nichts an.

Von da an zog Jacqueline sich in sich selbst zurück. Die Weigerung ihrer Mutter und ihrer Großmutter, auf eine für sie so wichtige Frage zu antworten, hatte es ihr unmöglich gemacht, überhaupt noch Fragen zu stellen. Sie wurde zu einem gehemmten,
ängstlichen, verschämten Kind. Diese Scham war, wie Jacqueline
inzwischen eingesehen hat, die von ihr verinnerlichte Scham ihrer
Großmutter und ihrer Mutter. Angesichts der Weigerung der beiden Frauen, mit ihr zu sprechen, glaubte Jacqueline nicht nur, ihr
Vater sei kein ehrenwerter Mann gewesen und es gehöre sich

nicht, von ihm zu sprechen, sondern auch, sie selber sei es nicht wert, dieses Geheimnis zu erfahren, vielleicht nicht einmal, überhaupt auf der Welt zu sein!

Als Kind konnte sie in der Tat nicht begreifen, wie bedrohlich ihre Fragen der Großmutter und der Mutter erschienen, und zwar einzig und allein, weil sie selbst nicht in der Lage gewesen waren, sich mit der durch das Verschwinden von Jacquelines Vater geschaffenen Situation abzufinden. Sie glaubte, ihre Neugierde bedrohe sie, während der Kern des Problems das Verschwinden jenes Mannes war. Wie jedes Kind brachte Jacqueline es nicht fertig, die Äußerungen der Erwachsenen anzuzweifeln. Sie glaubte, selber der Anlass für ihr Verhalten zu sein. Allerdings wusste sie um die Existenz eines Geheimnisses, auch wenn seine Auflösung – die Identität ihres Vaters – ihr verborgen blieb. Deshalb und obwohl das Geheimnis sich auf lange Sicht hemmend und störend auf sie auswirkte, war ihre Scham immer in ihre Persönlichkeit integriert.

DER SCHATTEN EINES VERHEIMLICHTEN TODES

Die Entführung und heimliche Hinrichtung von Oppositionellen, wie bestimmte Regimes sie praktizieren, führen zu schweren psychischen Schäden bei den Angehörigen, die zwischen dem Wunsch, um den Verschwundenen zu trauern, und dem Verlangen, weiterhin auf sein Überleben zu hoffen, hin und her gerissen sind. In gewisser Weise ist ihre Persönlichkeit zweigeteilt; sie befinden sich in einer Art Schwebezustand, in dem sie auf eine Bestätigung warten, die es ihnen ermöglicht, sich für den einen oder den anderen Weg zu entscheiden. Menschen, die solche Dramen durchleben, haben indessen eine Chance: Sie können mit ihren Angehörigen darüber sprechen und ihren Schmerz mit ihnen teilen. Im Gegensatz dazu hat ein Kind, dem seine Familie einen Todesfall verheimlicht, niemanden, mit dem es über seine Fragen reden könnte. Es bleibt mit ihnen allein.

Eltern, die ihrem Kind einen Todesfall oder seine Umstände verschweigen, tun dies im Allgemeinen aus Furcht, nicht mit der nötigen Gelassenheit darüber sprechen zu können. Sie befürchten «zusammenzubrechen» und ziehen es vor, «nicht mehr daran zu denken», «zu vergessen», «sich der Zukunft zuzuwenden». In Wirklichkeit verbergen diese Phrasen ihre Angst, von Empfindungen, Gefühlen und körperlichen Schmerzen übermannt zu werden, die aus den zum Zeitpunkt des Todesfalls nicht bewältigten Spannungen resultieren. Im Allgemeinen hüten sie solche Geheimnisse nicht aus Scham, sondern um sich selber zu schützen. Das «Durchsickern» des Geheimnisses erklärt, weshalb Ungesagtes im Zusammenhang mit nicht geleisteter Trauerarbeit der Eltern Angehörige der nachfolgenden Generation unter Umständen daran hindert, mit dem Tod eines ihnen nahe stehenden Menschen fertig zu werden. Das war bei Laurence der Fall.

Nach dem Tod ihres Mannes quälte ein seltsames Gefühl die junge Frau. Sie hatte den schmerzlichen Eindruck, diesen Tod als etwas erlebt zu haben, das mit ihr absolut nichts zu tun hatte. Sie hatte ihren Mann geliebt, doch bei seinem Tod hatte sie nichts empfunden. Außerdem klagte sie über unerklärliche Ängste und Lebensüberdruss. Im Verlauf meiner Gespräche mit ihr erinnerte sie sich schon bald an etwas, das sie im Alter von sieben Jahren erlebt hatte. Damals hatte ihre Mutter überstürzt nach Italien reisen müssen. Von dieser Zeit an hatte sie an Weinkrämpfen gelitten, die Laurence sich nie hatte erklären können. Nachdem ich sie in ihrer Ansicht bestärkt hatte, dieses Ereignis könnte etwas mit ihrer Reaktion auf den Tod ihres Mannes zu tun haben, fragte Laurence schließlich ihre Mutter. Und jetzt erfuhr sie, diese war tatsächlich überstürzt zur Beerdigung ihres bei einem Unfall ums Leben gekommenen Vaters nach Italien gefahren, als ihre Tochter sieben war. Unglücklicherweise war sie zu spät gekommen, um an seiner Beisetzung teilnehmen zu können. Daraufhin hatte sie sich einige Tage um ihre Mutter gekümmert und diese dann allein gelassen, um zu Laurence nach Frankreich zurückzukehren. Dort hatte sie dann vom Tod ihrer Mutter erfahren und es auch in diesem Fall nicht geschafft, rechtzeitig zur Beerdigung zu erscheinen.

Laurence, die ihrer Mutter ein wenig von dem ihr unverständlichen Leid hatte abnehmen wollen, hatte dieses in sich eingeschlossen. Der unvermittelte Tod ihres Mannes hatte es wieder geweckt und dazu geführt, dass sie sich mit ihrer Mutter identifizierte. In Wirklichkeit hatte Laurence als Kind nämlich sehr wohl verstanden, worum es ging. Doch da ihre Mutter nicht darüber reden konnte, hatte sie so tun müssen, als wüsste sie nichts davon. Als dann ihr Mann starb, hatte sie sich mit der Mutter identifiziert, die immer noch darunter litt, nicht rechtzeitig zur Beerdigung ihrer Eltern gekommen zu sein. Dieser merkwürdige Schmerz hatte Laurence die Umstände des Todes ihres Mannes dann als seltsam empfinden lassen. So kann ein Todesfall eine nicht vollzogene, bislang geheim gehaltene Trauerarbeit in der vorangegangenen Generation ans Licht bringen.

Die Störungen, die in der nachfolgenden Generation bei einer Konfrontation mit dem Tod auftreten, machen sich gelegentlich auch bei anderen Anlässen bemerkbar. Sie hängen jedoch alle mit dem Durchsickern von Geheimnissen zusammen, an denen die Eltern ihre Kindern nicht teilhaben lassen wollten.

« ICH ERTRAGE ES EINFACH NICHT, DARÜBER ZU SPRECHEN »

Bevor er Patricks Mutter geheiratet hatte, war sein Vater schon einmal verheiratet gewesen; aus dieser Verbindung war ein Kind hervorgegangen. Das war vor dem Krieg gewesen. Die Frau und der erste Sohn, beide Juden, waren in ein Konzentrationslager deportiert worden. Weder Mutter noch Kind waren zurückgekehrt. Über dieses dramatische Geschehen hatte Patricks Vater stets Stillschweigen bewahrt. Als ein Cousin Patrick davon erzählte, fragte er seine Eltern danach, die ihm auch ohne weitere Umstände alles erzählten, was sie darüber wussten. Sie fügten hinzu, sie hätten ihn mit dieser Geschichte nicht belasten wollen. Heute glaubt Patrick allerdings, sein Vater habe das Geheimnis deshalb bewahrt, weil es ihn selber mit einem Problem konfrontierte, das er nicht lösen konnte: Waren seine Frau und sein Sohn im Konzentrationslager schnell gestorben, oder waren sie zu pseudomedizinischen Versuchen missbraucht worden und hatten lange leiden müssen? Vielleicht erzählte der Vater Patrick deswegen nichts davon, weil er auf seine eigenen Fragen keine Antwort fand. In diesem Fall hatten die Eltern das Geheimnis nicht bewahrt, um «eine Traumatisierung Patricks zu vermeiden», wie sie ihn glauben machen wollten, sondern weil es für sie zu schmerzlich war, darüber zu sprechen.

Einmal mehr sehen wir, wie ein in der Psyche des Vaters eingeschlossenes, quälendes Geheimes ihn dazu bringt, das Verhalten seinem Sohn gegenüber um ein anderes Geheimnis zu strukturieren. Patricks Vater versuchte, auf diese Weise seine eigenen Ängste und Fragen zu ersticken. Familiengeheimnisse sind häufig eine Folge des Versuchs einer oder mehrerer Personen, den anderen einen schmerzlichen Lebensabschnitt zu verheimlichen und ihn damit vor allem vor sich selber zu verbergen. Sie wollen so tun, als sei das alles nie geschehen. Zwar kann es quälende Situationen geben, die keine Geheimnisse nach sich ziehen, dennoch liegt der Ursprung eines Familiengeheimnisses normalerweise in einer oder mehreren schmerzlichen Situationen.

So wird auch verständlich, weshalb lange Zeit geheim gehaltene Situationen nicht mehr so strikt verheimlicht werden, sobald sie keine derartigen Ängste mehr auslösen. Solange Adoptionsverfahren für Paare noch eine regelrechte Tortur darstellten, hielt man vor dem Kind seine Herkunft häufig geheim. Heute werden Eltern, die ein Kind adoptieren wollen, psychologisch unterstützt, und die Prozedur ist erheblich vereinfacht worden. Dementsprechend verschweigt man einem Kind nur noch selten die Tatsache, dass es adoptiert wurde. Die Adoptiveltern vertrauen ihrem Kind die Umstände, wie es zu einem Teil der Familie wurde, ohne weiteres an.

Dagegen werden Geburten nach einer künstlichen Befruchtung den Kindern häufig noch verheimlicht, auch wenn diese Verfahren mittlerweile gang und gäbe sind. Fragt man Mütter – und auch Väter – nach den Umständen der künstlich induzierten Schwangerschaft, dann erfährt man, was für ein Hindernislauf die Befruchtung *in vitro* für die Paare ist. Wie kann man einem Kind die Umstände seiner Zeugung mitteilen, wenn diese kein Synonym für Lust, sondern im Gegenteil für Leiden sind, mehr noch: für nicht anerkanntes und unverstandenes Leiden. Mit Sicherheit werden Eltern weniger Hemmungen haben, ihrem nach einer künstlichen Befruchtung geborenen Kind die Umstände seiner Geburt zu erklären, wenn die damit verbundenen Erinnerungen nicht mehr als Albtraum erlebt werden. Dazu ist es notwendig, diesen Paaren zuzuhören und ihnen auf jeder Etappe ihres Hindernislaufs psychologische Unterstützung und Hilfe anzubieten. Dies könnte zugleich eine wirksame Vorbeugung dagegen sein, den durch eine künstliche Befruchtung entstandenen Kindern gegenüber die Umstände ihrer Zeugung zu einem Geheimnis zu machen – ein Geheimnis, das sie schließlich doch entdecken, voller Scham, damit gegen ein schreckliches Verbot zu verstoßen. Außer solchen als schmerzlich empfundenen Umständen und Situationen gibt es jedoch auch andere, die die Eltern ihren Kindern verheimlichen, weil sie befürchten, als «unehrenhaft» zu erscheinen …

«SO ETWAS KOMMT IN UNSERER FAMILIE NICHT VOR»

Viele Geschehnisse werden zum Geheimnis, weil ihre Protagonisten es für entwürdigend halten, ihren Angehörigen, vor allem ihren Kindern, davon zu erzählen; sie befürchten, dadurch möglicherweise in ihrer Achtung zu sinken. Sie haben Angst, ihre Bekenntnisse könnten das Idealbild zerstören, das ihre Kinder ihrer Auffassung nach von ihnen haben sollten: das Bild vollkommener Eltern, die keine Fehler machen. Oft liegt einem Geheimnis daher eine bestimmte Vorstellung zugrunde, wie ein Vater, eine Mutter, eine Familie zu sein hätten – perfekt.

Derlei Verhaltensmuster bringen jedoch nicht nur Geheimnisse hervor. Sie stecken darüber hinaus die Kinder in die Zwangsjacke eines Ideals, das auf ihnen lastet und das sie später unter allen Umständen glauben anstreben zu müssen. Wenn wir vor unseren Kindern die Fehler verbergen wollen, die wir vielleicht gemacht haben, schließen wir sie damit nicht nur von einem Teilbereich unseres Lebens aus, sondern machen sie auch zu Gefangenen der Notwendigkeit, übertriebenen Idealen nachzueifern. Dies führt bei ihnen zu einer fatalen Neigung, den Eltern ihre Irrtümer und ihre Fragen zu verschweigen. Sie wollen so dem Bild entsprechen, das die Eltern ihrer Meinung nach gern von ihnen hätten, einem Abklatsch des Vorbilds, das ihnen ihre Eltern aufgezwungen haben: vollkommen zu sein ... Das Problem ist nur, in diesem Streben nach Perfektion gibt kein Mensch mehr seine wahren Gefühle und Gedanken zu erkennen. Die Verzweiflung des Heranwachsenden wird so nur noch größer. Oft erinnert in solchen Familien ein strafbares Verhalten eines Kindes alle zusammen daran, wie es in der Welt wirklich zugeht ...

« DARÜBER DARFST DU MIT NIEMANDEM SPRECHEN »

Es mag noch verständlich sein, wenn Eltern ihre Kinder zu Komplizen von Geheimnissen machen, die nur das Privatleben der Familie betreffen und Außenstehende nichts angehen, zum Beispiel dem Verlust des Arbeitsplatzes oder der Existenz von Halbbrüdern oder -schwestern. Kaum zu rechtfertigen scheint es hingegen, wenn Eltern ihre Kinder in ein Lügengebäude einzubeziehen versuchen, mit dem Verstöße gegen die soziale Ordnung, etwa

Diebstähle, Vergewaltigungen oder Gewalttaten, vertuscht werden sollen. In diesem Fall wird die innere moralische Instanz des Kindes, die sein Verhalten regelt, unwiderruflich gespalten: Auf der einen Seite steht das Ideal des Schweigens und der Lügen, das die Eltern vorgeben, auf der anderen die Normen der Gesellschaft, die diese verwerflichen Handlungen verurteilt. Am häufigsten kommt es zu den schlimmstmöglichen Folgen: Entweder entwickelt das Kind asoziale Neigungen, oder es richtet genau die Vorwürfe an seine Eltern, die sie vonseiten der Gesellschaft vermeiden wollten. Eine solche Auseinandersetzung zerstört dann endgültig die Beziehung zwischen Eltern und Kind, und zwar mit katastrophalen Folgen für dieses.

EIN GEHEIMNIS WIRKT AUCH NACH SEINER ENTHÜLLUNG FORT

Gelegentlich versuchen Eltern, ihr Gewissen zu beruhigen, indem sie beschließen, dem Kind ihr Geheimnis anzuvertrauen, sobald es ein Alter erreicht hat, in dem ihnen dies angebracht erscheint, im Allgemeinen mit sieben, vierzehn oder achtzehn Jahren: Sieben ist das Alter, in dem die Kinder «zu denken beginnen»; mit vierzehn endete lange Zeit die Schulpflicht, und mit achtzehn ist das Kind volljährig. Doch die Eltern, die ein «geeignetes» Alter abwarten, um ihrem Kind ein Geheimnis zu eröffnen, glauben sich zu Unrecht von ihren Sorgen befreit. Die durch ein Geheimnis hervorgerufenen Störungen verschwinden nicht zwangsläufig mit seiner Enthüllung!

Wenn ein Kind, und mehr noch ein Erwachsener, gelernt hat, seine Persönlichkeit und das Verhältnis zu seinen Mitmenschen um ein Geheimnis herum zu strukturieren, kann es zu beträchtlichen psychischen und Beziehungsproblemen kommen, wenn dieses Geheimnis aufgedeckt wird. Man kann sich die Entwicklung einer Persönlichkeit wie das Aufbauen einer Pyramide aus einzelnen Würfeln vorstellen. Ist der Bau bereits fortgeschritten und möchte man dann einen Würfel von der Basis anderswo einfügen, ist man gezwungen, einen Teil der Konstruktion ab- und wieder aufzubauen. Genauso verhält es sich bei der Enthüllung eines Geheimnisses. Die Persönlichkeit, die sich um den Baustein eines Geheimnisses entwickelt hat, muss einen Teil ihrer Sicht der Welt ab- und neu aufbauen, selbst wenn sie den Eindruck hat, die Enthüllung ändere nichts für sie. Damit die Gesamtpersönlichkeit den neuen Gegebenheiten Rechnung tragen kann, ist eine unbewusste und zugleich bewusste psychische Arbeit unerlässlich.

Der kleinen Jeanne hat ihre Mutter lange Zeit verheimlicht, dass ihr älterer Bruder in Wirklichkeit ihr Halbbruder ist, der aus der ersten Ehe dieser Frau, wir wollen sie Monique nennen, stammt. Sie hatte sich scheiden lassen und ein zweites Mal geheiratet; aus dieser Ehe ging Jeanne hervor. Die Mutter hatte es für richtig gehalten, Jeanne in dem Glauben aufwachsen zu lassen, ihr Halbbruder sei ihr Bruder, um ihr das «Trauma» zu ersparen, von den zwei aufeinander folgenden Ehemännern im Leben ihrer Mutter zu erfahren. Auf diese Weise vermittelte Monique ihrer Tochter das Bild einer in gewisser Hinsicht vollkommenen Familie. Die offizielle Version lautete demnach, Monique und ihr Mann hätten kurze Zeit nach dem Kennenlernen zunächst Jeannes älteren Bruder und später dann sie bekommen. Als Jeanne fünf war, traf sich ihr fünfzehn Jahre alter Halbbruder immer häufiger mit seinem leiblichen Vater. Für Monique wurde es immer schwieriger, Jeanne weiterhin die Wahrheit zu verheimlichen. Sie beschloss, mit ihr darüber zu reden. Obwohl es Jeanne schwer fiel, dieses Geständnis anzunehmen, und sie ihrer Mutter Vorwürfe machte, weil diese sie jahrelang angelogen hatte, schien danach alles wieder in Ordnung zu sein. Jeanne gewöhnte sich offenbar rasch an die Vorstellung, dass ihr Bruder einen anderen Vater hatte als sie.

Sechs Monate später allerdings hatte das kleine Mädchen auf einmal große Schwierigkeiten in der Schule. War sie bis dahin eine gute Schülerin gewesen, so legte sie nun Konzentrationsmängel an den Tag, die sich zusehends verschlimmerten und schließlich ihre Lehrerin und die Eltern beunruhigten. Aufgaben, die sie zuvor ohne weiteres gemeistert hatte, schienen plötzlich unlösbar. Die Mutter nahm ihre Tochter ins Gebet, doch Jeanne behauptete zunächst, sie begreife selber nicht, was mit ihr los sei. Schließlich erklärte sie ganz verlegen, ihre Mutter würde ihr bestimmt nicht glauben, wenn sie ihr den Grund für ihre häufige Unkonzentriertheit sage. Als Monique weiter in sie drang und ihr versicherte, sie trotz allem lieb zu haben, gab das Mädchen weinend zu, sie müsse während der Schulstunden ständig an ihre Mutter denken: «Sobald die Lehrerin etwas sagt, denke ich an dich, Mama.» Dann rief das Mädchen unter Schluchzern: «Mama, ich hab dich lieb, ich hab dich so lieb!» Natürlich war die Mutter ungeheuer gerührt. Als es ihr später noch einmal gelang, mit ihrer Tochter über ihre Sorgen zu reden, erhielt sie eine ganz andere Antwort: Jeanne erklärte, sich ungeheuer zu schämen, weil sie einen Halbbruder hatte. Sie begann erneut zu weinen, als sie hinzufügte: «Ich wünschte so sehr, er wäre mein ganzer Bruder.»

Mit diesen Worten brachte das Kind nichts weiter zum Ausdruck als den geheimen Wunsch seiner Mutter: Diese litt darunter, zweimal verheiratet gewesen zu sein und zwei Kinder von zwei verschiedenen Männern zu haben! Einzig aus diesem Grund hatte sie ihrer Tochter die Wahrheit so lange vorenthalten: Sie kam selber nicht damit zurecht. Das kleine Mädchen brachte mit ihrem Wunsch also das geheime und offenbar nicht in Worte zu fassende Bedürfnis ihrer Mutter zum Ausdruck und ließ gleichzeitig erkennen, wie sehr das Geheimnis, das ihre ersten fünf Lebensjahre geprägt hatte, immer noch in ihr nachwirkte. Als sie sich wünschte, dass ihr Bruder nicht nur ihr Halbbruder wäre, brachte sie damit im Grunde genommen zum Ausdruck, dass es ihr lieber gewesen wäre, wenn nie ein Geheimnis existiert hätte und wenn das, woran sie die ersten fünf Jahre ihres Lebens geglaubt hatte, die Wahrheit gewesen wäre. Wäre sie imstande gewesen, eindeutig zu formulieren, was in dem Augenblick in ihr vorging, hätte sie bestimmt etwa Folgendes gesagt: «Mama, ich will nicht, dass mein Bruder nur mein Halbbruder ist. Weil ich nicht will, dass du mich fünf Jahre lang angelogen hast. Weil ich den Hass nicht will, den ich wegen dieser Lüge auf dich gehabt habe und immer noch habe.» Dieser Gedankengang war der kleinen Jeanne natürlich nicht bewusst. Daher beschränkte ihre Erklärung sich auf den ersten Teil der Aussage. Der zweite Teil setzte sich in die Angst um, der der Mutter gegenüber empfundene Hass könnte diese kränken. So erklärt sich, weshalb Jeanne behauptete, ständig voller Liebe an ihre Mutter zu denken! Mit diesen zwanghaften Vorstellungen – die das Mädchen vom Lernen abhielten – versuchte Jeanne in Wirklichkeit, der Angst, sie könne ihre Mutter verletzen, etwas entgegenzusetzen.

Wie man sieht, verschwand die mit der Aufdeckung des Geheimnisses verbundene Aggressivität nicht, sondern blieb im Unterbewusstsein des kleinen Mädchens sogar äußerst wirksam. Zudem war diese Aggressivität besonders ausgeprägt, da sie mit dem Höhepunkt des ödipalen Konflikts zusammenfiel, wie ihn jedes Kind im Alter von etwa fünf Jahren durchlebt. Eine Interpretation, die in der Aggressivität eines Kindes seiner Mutter gegenüber lediglich den ödipalen Aspekt des psychischen Konflikts berücksichtigt, würde allerdings einen wesentlichen Punkt außer Acht lassen. Nicht die Bindung und Aggressivität, wie sie jedes Kind normalerweise für seine Eltern empfindet, waren für die psychische Verfassung Jeannes zu diesem Zeitpunkt bestimmend – und hätten so ihre Probleme in der Schule erklären können –, sondern die Desillusionierung und der Hass, weil sie fünf Jahre lang von der Kommunikation innerhalb der Familie, wie sie sich diese idealerweise vorstellte, ausgeschlossen gewesen war. Einzig aufgrund der Unfähigkeit ihrer Eltern, ganz einfach mit Jeanne über das Geheimnis zu reden, das sie selber belastete, war dieses zu einem Problem für das Kind geworden.

4 DER WEG VON GEHEIMNISSEN DURCH DIE GENERATIONEN

ES GIBT ALSO drei Hauptquellen von Familiengeheimnissen. Erstens die Ereignisse, die man geheim hält, weil sie dem Verdikt gesellschaftlicher Normen unterliegen (oft lösen sie bei dem Betreffenden weder Scham noch Angst aus, abgesehen von der, entdeckt zu werden). Sodann diejenigen, die man verbirgt, weil man sich ihrer schämt, und schließlich Erlebnisse eines Elternteils, über die er nicht sprechen kann, da sie in ihm zu große Angst auslösen. Letztere stellen eigentlich eher etwas Unausgesprochenes als Geheimnisse im eigentlichen Sinn dar. Dennoch lässt jeder, der über ein bestimmtes Geschehnis Schweigen bewahrt, eine charakteristische Strukturierung der Psyche erkennen. Im Übrigen verblasst die Unterscheidung, ob jemand aufgrund eines Geheimnisses Scham empfindet oder nicht, in der nächsten Generation. Ein Kind, das den Eindruck hat, ein Elternteil verberge etwas vor ihm, glaubt vielmehr immer, es handle sich dabei um ein Geheimnis, dessen man sich schämen muss. In der zweiten Generation verbindet das Geheimnis sich also stets mit Scham.

VOM GROSSVATER ZUM ENKEL

Jedes Kind wird in einen Kosmos vielfältiger Kommunikationen hineingeboren, die seine Möglichkeiten einer Orientierung in jeder Hinsicht überfordern. Was dem Kind vermittelt wird, entspricht zum Teil seinen Erwartungen; anderes trifft es unvorbereitet und ohne dass es einen Zusammenhang herstellen kann. Normalerweise geht es bei der Kommunikation zwischen Erwachsenen um eine verwirrende Vielfalt von Dingen, um widersprüchliche Botschaften, zwischen denen das Kind sich zurechtfinden muss und denen es im Verlauf seiner psychischen Reifung nach und nach bestimmte Bedeutungen zuordnet. Kreist hingegen ein Großteil der vermittelten Botschaften um einen schmerzhaften Bereich der Psyche eines Elternteils, dessen Inhalt dem Kind unbekannt bleibt, ist die Situation weitaus problematischer. Störungen, die daraus resultieren, können sich über mehrere Generationen hin auswirken.

Jean Claude Snyders ist der Sohn eines Überlebenden von Auschwitz. In einem erschütternden Buch beschreibt er das unerklärliche und beängstigende Verhalten seines Vaters und die Sorgen, die ihn bei der Erziehung seiner eigenen Kinder quälten. [*] Wie ein roter Faden scheint ein Trauma auf, das nicht übertragen wird, sondern gewissermaßen *auf Umwegen* mehrere Generationen beeinflusst. Darüber hinaus zeigt das Buch, dass man die Auswirkungen unzureichend verarbeiteter Traumata nicht nur unter dem Blickwinkel verbaler Symbolisierungen betrachten darf; vielmehr kommen auch Symbolisierungen auf der Ebene von Vorstellungen, Gesten und Verhaltensweisen mit ins Spiel.

Beispielsweise hatte der Autor in der Schule den Abzählvers «In meiner Tabaksdose hab ich guten Tabak» gelernt. Sooft er seinem Vater vorschlug, mit ihm gemeinsam das Lied zu singen, veränderte dieser es auf merkwürdige Weise. Statt der Zeile «Ich hab guten Tabak und geb dir nichts davon ab» sang er unter Tränen: «Ich hab guten Tabak und geb dir was davon ab.» Erst sehr viel später sollte Jean Claude Snyders den Grund dafür erfahren: Sein Vater war durch die Erinnerung an einen Kapo massiv traumatisiert, der zu den Häftlingen im Konzentrationslager zu sagen pflegte: «Ich hab was zu essen» oder: «Ich hab was zu rauchen

---

[*] Jean Claude Snyders, Drames enfouis. Buchet-Chastel: Ed. Pierre Zech, 1996.

und geb dir nichts davon ab.» Als Kind hatte er davon jedoch keine Ahnung, und so führte das unverständliche Verhalten des Vaters bei ihm zu schweren Störungen.

Außerdem erinnert er sich daran, wie sehr sein Vater sich bemühte, nicht nur die Existenz der Vernichtungslager, sondern überhaupt alles zu kaschieren, was auch nur im Geringsten etwas mit dem Bösen in irgendeiner Form zu tun hatte. Alles, was eine Erinnerung an Schmerz, Böswilligkeit oder Gewalt hervorrief, war aus den Äußerungen des Vaters verbannt. Folglich erschien alles, wovon er sprach und wovon seine Kinder sprechen sollten, wenn sie in seiner Nähe waren, «fast immer in rosigem Licht», und diese Neigung betraf nicht nur alltägliche Ereignisse, sondern auch die Vergangenheit. Zum Beispiel hatte Jean Claude Snyders mit neun Jahren den Roman *Ivanhoe* von Walter Scott gelesen und sich gewundert, weshalb die als «der Jude» bezeichnete Figur ständig Verfolgungen ausgesetzt war. Hastig hatte sein Vater ihm versichert, derlei sei vielleicht im Mittelalter geschehen, doch mittlerweile gehörten solche Verfolgungen längst der Vergangenheit an!

Der Autor war also in einer Welt aufgewachsen, in der nie von Aggressivität die Rede war, sei es seiner eigenen, der seiner Eltern oder der jener Menschen, die ihnen Böses hätten antun können. Problematisch ist allerdings, dass sich parallel dazu, nämlich in Gestik und Tonfall, fortwährend Aggressivität bemerkbar machte. Sozusagen in Schüben verspürte der Vater, der nie über die Deportation sprach, die Aggression weiterhin, ohne dass seine Kinder eine Möglichkeit gehabt hätten, diese Anfälle vorauszusehen, geschweige denn, sie zu verstehen. Übergangslos wechselte er von größter Sanftheit zu erstaunlichster Heftigkeit und umgekehrt.

So war Jean Claude Snyders schon sehr früh mit der Unmöglichkeit konfrontiert, logische Verbindungen zwischen widersprüchlichen Botschaften herzustellen und ein einheitliches Vaterbild zu entwickeln. Außerdem verwandelte der «bewundernswerte» Vater sich manchmal in einen Tyrannen, der es fertig brachte, sein Kind nicht nur leiden zu lassen, sondern sich, wie der Autor schreibt, «an seinem Leiden zu erfreuen».

Als Heranwachsender empfindet er dann bei jeglicher Äußerung von Aggressivität Schuldgefühle, selbst wenn sie dem täglichen Leben völlig angemessen ist. Vor allem seinen Eltern gegenüber kann er weder Ungeduld noch Trotz noch Wut zum Ausdruck bringen, wie sie normalerweise jedes Kind gelegentlich verspürt. Schließlich hat er diese Empfindungen, die er nicht ausdrücken darf, nicht einmal mehr. Ein Großteil seiner Aggression richtete sich daraufhin gegen ihn selber. Das geringste Gefühl von Feindseligkeit, das er verspürte, signalisierte ihm Gefahr. Er hatte das Gefühl, an allem schuld zu sein.

Aber das ist noch nicht alles. Der Autor berichtet auch von der Erziehung seiner eigenen Kinder – ein regelrechtes Drama. Denn unter dem Einfluss seiner eigenen Kindheitserlebnisse entwickelt er ein zwiespältiges Erziehungsschema. Er kommt zu dem Schluss, am wichtigsten sei es, «ihre Ängste zu bekämpfen», «ihre Befürchtungen zu beschwichtigen» und ihre potenzielle Aggressivität so weit wie möglich von Schuldgefühlen zu befreien. Doch dieses Vorhaben wird derart systematisch und planmäßig umgesetzt, dass es bei den Kindern Störungen hervorruft.

Beispielsweise kauft er ihnen Spielzeugpistolen, damit sie Krieg spielen können, und freut sich jedes Mal, wenn sie Gewaltszenen malen. Ebenso regt er sich, wie er selber sagt, kaum, oft auch gar nicht auf, wenn seine Kinder den Wunsch äußern, ihn umzubringen. In die gleiche Richtung zielt auch, dass er sie nur selten auffordert, ihre Zimmer aufzuräumen, und selbst das nur mit dem Hinweis: «Allzu genau braucht ihr es dabei nicht zu nehmen.» Wenn er sie bei etwas Verbotenem ertappt, wenn sie beispielsweise vor den Mahlzeiten naschen, tut er so, als sähe er nichts, um ihnen nicht den Eindruck zu vermitteln, sie würden überwacht. Um ihnen keine «unnötigen Schuldgefühle» aufzubürden, lässt er viele seiner Angelegenheiten demonstrativ schleifen und freut sich über das Ergebnis: «Glücklicherweise scheint es ihnen nicht allzu schwer zu fallen, meinem Beispiel zu folgen.» Er fügt hinzu: «Sie sollen es besser haben als ich, und ich will ihnen, so gut ich kann, helfen, ihren Dämon zu besiegen.» Welche Eltern würden einem solchen Wunsch nicht zustimmen!

Unglücklicherweise empfinden seine Kinder trotz seiner Bemühungen, sie ihnen zu ersparen, heftige Schuldgefühle. Einer seiner Söhne scheint sogar einen regelrechten Waschzwang zu entwickeln. «Er will sich unbedingt waschen und behauptet völlig grundlos, er sei unglaublich schmutzig.» Jean Claude Snyders beruhigt ihn und erklärt, er finde ihn «ganz in Ordnung so». Der Sohn ist es zufrieden. Daraufhin ändert der Vater sein Vorgehen. Er beschließt, seinen Kindern nicht mehr allzu nachdrücklich zu sagen, sie seien schmutzig, auch wenn sie wirklich verdreckt sind. Und er hat damit auf der ganzen Linie Erfolg, denn kurz darauf, so schreibt er, «kann ich jedes Mal, wenn sie schmutzig sind, nicht anders, als sie sauber zu sehen». Wenn die Kinder fragen: «Papa, können wir im Haus alles kurz und klein schlagen?», bemüht er sich, ihnen eine ausführliche Antwort zu geben, in der er das Für und Wider abwägt …

Ein Großteil dieser Erziehungsmethoden lässt sich aus dem ständigen Bemühen des Vaters in seiner Kindheit erklären, das von seinem Vater durchlebte, nicht mitteilbare Trauma zu symbolisieren und zu lösen. Die Verhaltensweisen, die er aus Rücksicht auf seinen Vater entwickelte, übertrug er später auf seine Kinder. Ihr systematischer – und daher zwangsläufig beängstigender – Charakter hat diese in ihrer Entwicklung schwer gestört. Anders ausgedrückt: Der Vater erzog seine Kinder nicht im Hinblick auf ihre Erwartungen und wahren Bedürfnisse, sondern in Abhängigkeit von dem Trauma, das er als Kind im Umgang mit einem tyrannischen und unberechenbaren Vater erlitten hatte. Da er sich innerlich mit dem Bild eines Schrecken erregenden Mannes herumschlug, beschloss er, für seine Kinder unter allen Umständen das genaue Gegenteil zu verkörpern.

Darüber hinaus zeigt uns eine Erinnerung Jean Claude Snyders', wie sehr ihn die Schuldgefühle seinem Vater gegenüber nach wie vor beschäftigen. Zu Weihnachten singt die ganze Familie *Petit Papa Noël*. Doch jedes Mal muss er, den Tränen nahe, mittendrin aufhören, da seine Gefühle und Ängste ihn zu überwältigen drohen. Das Lied enthält einen Satz, den er nicht über die Lippen bringt: «Es wird dich frieren vor der Tür, und zwar ein bisschen wegen mir.» Dem Leser gesteht er, dass die Vorstellung, wie sein Vater, der nur noch 35 Kilo wog und bei minus 35 Grad, lediglich mit Jacke und Tuchhose bekleidet, in Auschwitz zum Arbeiten gezwungen wurde, ihn immer noch lähmt. Dann versagt ihm jedes Mal die Stimme. Man kann sich vorstellen, wie seltsam und unerklärlich dieses Verhalten auf seine Kinder wirkt! So wird das von einer Generation erlebte und nicht aufgearbeitete Trauma – in diesem Fall die Deportation – nicht *übertragen*, sondern wirkt sich *über Umwege* auf mehrere Generationen aus.

DIE UMWEGE DES GEHEIMEN

Das in der Psyche eines Elternteils verborgene Geheime beeinträchtigt also seine Kommunikationsmöglichkeiten vor allem mit seinen Kindern. Dies wiederum führt, zusammen mit dem Bemühen des Kindes, sich daran anzupassen, bei Letzterem zu psychischen Störungen, die ihrerseits seinen Umgang mit den eigenen Kindern nachteilig beeinflussen. Dieser Mechanismus kann sich über mehrere Generationen hinweg fortsetzen.

All diese Erklärungen lassen sich zu einem Schema zusammenfassen. In jeder Generation verinnerlicht jedes Individuum seine unterschiedlichen Welterfahrungen entsprechend den drei komplementären Möglichkeiten der Symbolisierung: der verbalen, der bildhaften und der sensomotorischen. Diese regeln, im Zusammenwirken mit seinen Erfahrungen in der Vergangenheit, sein Verhalten in den verschiedenen Bereichen des Alltagslebens. Das Verhalten eines Individuums hängt jedoch selbstverständlich nicht allein von den Symbolisierungen früherer Erfahrungen ab. Jedermann ist in ein Gefüge von Beziehungen eingebettet, die seine Möglichkeiten einer Symbolisierung fördern oder aber behindern. Beispielsweise fällt es Opfern sexuellen Missbrauchs sehr viel leichter, darüber zu sprechen, seit die Gesellschaft diesem Thema größere Beachtung schenkt. Zwischen den Symbolisierungsprozessen des Individuums und seinem Sozialverhalten besteht eine ständige Wechselwirkung. Das Symbolisierungsvermögen einer Person zu einem gegebenen Zeitpunkt bestimmt seine Verhaltensweisen. Umgekehrt beeinflussen die Verhaltensweisen, die ihm seine Umgebung ermöglicht, seine Fähigkeit, ein Erlebnis zu symbolisieren. Beispielsweise fördert eine Gemeinschaft, die der erzählerischen Mitteilung, dem Eingestehen einer Erfahrung große Bedeutung zuschreibt, deren Verbalisierung. Hat hingegen ein theatralisches Inszenesetzen Vorrang, schätzt man eher die gestische und motorische Umsetzung und Übermittlung von Erfahrungen.

Für die nächste Generation bildet das Beziehungsverhalten der Eltern die Grundlage der ersten Welterfahrungen des Kindes. Das Kind symbolisiert diese Erfahrungen auf unterschiedliche Weisen, die nun ihrerseits sein Beziehungsverhalten steuern. Welche Symbolisierungsformen es bevorzugt, hängt seinerseits von den Kommunikationsmöglichkeiten ab, die die jeweilige Umgebung ihm bietet. Auf diese Weise konstruiert jede Generation ihr eigenes Seelenleben in wechselseitiger Abhängigkeit von der Gesamtheit der Menschen in ihrer Umgebung. Die von einer Gruppe angebotenen Symbolisierungsmöglichkeiten prägen die psychische Entwicklung jedes ihrer Mitglieder. Umgekehrt beeinflusst diese das Beziehungsgeflecht in der Gruppe und ihre Fähigkeiten zur Symbolisierung.

Dieses Schema wäre unvollständig, würde man den Einfluss außer Acht lassen, den die von jeder neuen Generation vollzogenen Symbolisierungsprozesse auf die Fähigkeit der vorangegangenen Generation haben, ihre Erfahrungen der Vergangenheit zu symbolisieren. Ein Kind oder ein Heranwachsender, dem es – zum Beispiel durch Lektüre oder Fernsehsendungen – gelungen ist, bestimmte Ereignisse, die die Generation seiner Eltern erlebt hat, zu symbolisieren, schafft für diese, selbst ohne sich dessen bewusst zu werden, eine neue Umgebung. Es ermöglicht ihnen den Zugang zu neuen Formen der – beispielsweise verbalen – Symbolisierung. Viele Erwachsene begannen erst aufgrund von Fragen und Bemerkungen ihrer Kinder oder Enkel, die außerhalb der Familie Zugang zu bestimmten Informationen hatten, ihre Erfahrungen aus dem letzten Krieg in Worte zu fassen.

Einmal mehr sehen wir, wie unzulänglich der Begriff «Übertragung» für die psychischen Austauschprozesse zwischen den verschiedenen Generationen ist. Er suggeriert in der Aufeinanderfolge der Generationen das Bild einer einseitig gerichteten Bewegung, einer Art Einbahnstraße der Übermittlung, die gleichsam stufenweise von einer Generation zur nächsten führt. Ganz im Gegensatz dazu erwirbt sich jede Generation unter dem Einfluss ihrer inner- und außerfamiliären Umgebung ihre eigenen Symbolisierungsmöglichkeiten. Diese stellen wiederum eine Voraussetzung für die Ausgangsgeneration dar, bislang unbewältigte Erlebnisse der Vergangenheit aufzuarbeiten.

DIE GENERATIONENFOLGE DES GEHEIMEN

DER AUSGANGSPUNKT DES GEHEIMNISSES: DIE ERSTE GENERATION

Wer auch immer ein schmerzliches Geheimes bewahrt, ist gespalten. Einerseits möchte er die geheim gehaltenen Ereignisse auf eine Art und Weise vermitteln, dass er sie mit anderen teilen und sie in seine bewusste Persönlichkeit integrieren kann. Oft stellt das Anvertrauen eines Geheimnisses in der Tat für den, der es hütet, die erste Gelegenheit dar, es überhaupt zu benennen. Andererseits stößt er jedoch bei der Erfüllung seines Wunsches auf ein Hindernis, das nur schwer zu überwinden ist. Er würde sich gern von den tief in ihm verborgenen Ereignissen befreien, ohne sie je in Worte fassen zu müssen. Tatsächlich hat er Angst davor, bei einer Verbalisierung schmerzlicher Erlebnisse das mit ihnen verknüpfte, manchmal überwältigende Leid erneut ertragen zu müssen. Oft befürchtet er auch, durch Reden das Bild zu beschädigen, das seine Umgebung von ihm hat, oder anderen zu schaden, die mit ihm zusammen in die Ausgangssituation des Geheimnisses verwickelt waren, sei es als Teilnehmer, sei es als Zeugen. Am Anfang betrifft sein Schweigen nur das Ereignis als solches, über das er nicht sprechen kann oder will. Doch allmählich verschweigt er, um sich nicht zu verraten, zahlreiche Informationen, die sich im engeren oder weiteren Sinn auf das ursprüngliche Geheimnis beziehen.

So war es bei André. Er war vor etwa fünfzig Jahren als uneheliches Kind zur Welt gekommen und hatte in seiner Kindheit unter dem Beinamen «Bankert» und peinlichen Anspielungen auf den Lebenswandel seiner Mutter gelitten. Als Erwachsener hatte er dann beschlossen, in eine andere Gegend zu ziehen, um seine schmerzliche Vergangenheit zu vergessen. Aus dem gleichen Grund hatte er nach seiner Heirat seinen Kindern vorgemacht, «ganz normal» von Vater und Mutter groß gezogen worden zu sein. Aber so leicht es André fiel, von seiner Mutter zu sprechen, so schwer war es für ihn natürlich, von seinem Vater zu reden, den er nie kennen gelernt hatte und von dem er nicht einmal den Namen wusste. Mit der Zeit hatte er es sich daher angewöhnt, bei familiären Gesprächen jeder Frage auszuweichen, die sich auf den einen oder den anderen Elternteil bezog. Um sich nicht zu verraten, hatte er auch darauf verzichtet, von seiner Kindheit zu erzählen, und sich sogar dazu verleiten lassen, über bestimmte geographische oder kulinarische Eigenheiten der Gegend, in der er aufgewachsen war, Stillschweigen zu bewahren, da sie teilweise mit schmerzlichen Erinnerungen verknüpft waren. So war allmählich ganzen Lebensabschnitten Andrés das Siegel des Schweigens aufgedrückt worden – für seine Kinder völlig unverständlich.

Darüber hinaus veranlasst die innere Spannung des «Geheimnisträgers» – das heißt der Konflikt zwischen dem Teil von ihm, der das Geheimnis bewahren, und dem Teil, der sich durch ein Bekenntnis davon befreien will – ihn oft, es bruchstückhaft und unvollständig, in Form von Andeutungen oder ständig widerrufenen Anspielungen preiszugeben. Jemand, der ein Geheimnis hütet, identifiziert sich abwechselnd mit dem Teil seiner Person, der seine schmerzliche Erfahrung in Worte fassen, und dem, der alles vergessen will. Diese innere Zerrissenheit und die vollzogenen Teilsymbolisierungen des Erlebnisses rufen Stimmungsschwankungen und abrupte Verhaltensumschwünge hervor, die für seine Umgebung völlig unverständlich sind. Derlei Kommunikationsstörungen bei einem Menschen mit einem schmerzlichen Geheimnis wirken sich auf alle seine Beziehungen aus. Doch nur diejenigen, die ihm nahe stehen, werden davon auf eine Weise beeinflusst, die ich weiter oben als das schmerzliche Gefühl, getäuscht zu werden, beschrieben habe. Diese Beziehungsstörungen werfen ihre Schatten vor allem auf den Ehepartner, den Geliebten oder die Geliebte eines Menschen mit einem Geheimnis. Am nachhaltigsten wirken sich die Schwankungen und Teilsymbolisierungen jedoch in aller Regel auf die Kinder aus. Denn sie unterliegen nicht nur der Autorität ihrer Eltern, sondern sind bei der Ausbildung ihrer eigenen Art und Weise der Symbolisierung der Welt auf sie angewiesen.

So kann ein Elternteil einem Kind seine Zuneigung zeigen und es gleich darauf völlig unvermittelt und aus einem scheinbar unerklärlichen Grund wegschieben, da das Kind ungewollt eine Geste gemacht oder ein Wort ausgesprochen hat, das ein schmerzliches Geheimnis berührte; oder ein Elternteil verwickelt sich in Widersprüche, um ein Geheimnis vor dem Kind zu bewahren, das ihn dabei ertappt hat, wie er einem anderen Erwachsenen davon erzählte, und so weiter. So bekam eine Mutter jedes

Mal schreckliche Angstzustände, wenn in Romanen oder Filmen, im Fernsehen oder in beiläufigen Gesprächen von Blutgruppen die Rede war: Ein Vergleich zwischen der ihres Mannes und der ihres Sohnes hatte ihr bestätigt, dass dieser nicht das Kind ihres Ehemanns (sondern ihres Liebhabers) war; daher quälte sie ständig die Sorge, das Geheimnis könnte entdeckt werden!

In den psychischen Konstrukten des Elternteils und seinen Beziehungen zu anderen spielen Sprachtabus eine wesentliche Rolle. In der Tat wird ein Geheimnis nicht zuletzt durch Worte aufrechterhalten, die der Betreffende nie ausspricht, die ihm jedoch «auf der Zunge liegen», läuft er doch jederzeit Gefahr, es zu verraten. Wie wir jedoch gesehen haben, bestehen neben den vorsätzlich gehüteten Geheimnissen viele aus Wörtern oder Sätzen, die nicht ausgesprochen werden können, da die ihnen zugrunde liegenden Erlebnisse verbal nicht symbolisiert wurden. Diese eingekapselten Geheimnisse können jedoch in verbalen Ausdrucks- und Verhaltensweisen durchscheinen, die ihre Existenz bezeugen. Die psychischen Vakuolen, in denen sie eingeschlossen sind, haben gewissermaßen zwei Gesichter, ein inneres und ein äußeres. Das erste setzt sich aus den verborgenen Wörtern des Geheimnisses zusammen, während das andere dem bewussten Leben verschiedene, nahezu unkenntliche Abkömmlinge davon anbietet.

Diese Wörter, die die Aufgabe haben, das Geheimnis in das Leben der Gemeinschaft einzubringen und es zugleich vom Bewusstsein fern zu halten, werden nach bestimmten linguistischen Regeln gebildet. Es gibt vier Haupttypen grammatikalischer Umformungen, aus denen vier Wortkategorien hervorgehen können, die auf ein Geheimnis schließen lassen: Homonyme, Paronyme, Alloseme und Kryptonyme. Wir wollen uns diese Kategorien der Reihe nach genauer ansehen.

Homonyme sind Wörter, die genauso ausgesprochen und ähnlich geschrieben werden wie die des Geheimnisses, aber einen anderen Sinn haben. Zum Beispiel ist das Zahlwort «acht» ein Homonym des Wortes, das in der alten Redewendung «in Acht und

Bann tun» für soziale Ächtung steht. Hinter einer ständigen Beschäftigung mit Ableitungen aus diesem Zahlwort verbirgt sich möglicherweise ein schmerzliches Geheimnis, das sich mit der Furcht vor Ächtung verbindet.

Paronyme sind Wörter, deren Aussprache zwar ähnlich ist wie die der Wörter um das Geheimnis, jedoch geringfügig davon abweicht. Nicolas Abraham führt als Beispiel das deutsche Wort «Käfer» an. Es wurde von einem seiner (Französisch sprechenden) Patienten verwandt, der unbewusst auf die beängstigende Frage fixiert war, die seine Mutter sich gestellt hatte, als sie zwischen dem Wunsch, das Kind zu behalten, und der Möglichkeit, es abzutreiben, schwankte: «Que faire?» – «Was tun?»*

Alloseme sind Wörter gleicher Aussprache und gleicher Schreibweise wie die Worte des Geheimnisses, haben jedoch eine andere Bedeutung. Zum Beispiel kann das Wort «Ente» eine falsche Pressemeldung, aber natürlich auch ein bestimmtes Geflügel bedeuten. Auch das Wort «Vatermörder» kann unterschiedliche Bedeutungen haben: Es kann einen Mann, der seinen Vater getötet hat, aber auch einen steifen Kragen bezeichnen. Menschen, die ein Geheimnis hüten, fällt es jedoch sehr schwer, das Allosem eines geheim gehaltenen Wortes auszusprechen oder anzuwenden, ohne von Angst überwältigt zu werden. Dafür stimmen Aussprache und Schreibweise einfach zu sehr überein. Deshalb sind derlei Wörter meist ganz aus ihrem Sprachschatz verbannt. Allerdings kehren sie in Form visueller Vorstellungen wieder, tauchen in Träumen und Phantasien auf und spielen für die Lebensweise des Betroffenen eine Rolle. Zum Beispiel kann das geheime Wissen um einen «Vatermörder» sich darin äußern, dass sich jemand für diverse Kragenformen interessiert.

Eine letzte Abwandlung der Wörter des Geheimnisses sind *Kryptonyme*, Wörter, die anscheinend keinerlei erkennbaren phonetischen oder semantischen Bezug mehr zu den verbotenen

* Nicolas Abraham und Marie Torok, op. cit.

Wörtern des Geheimnisses haben. Im Fall jenes Patienten, den möglicherweise unbewusst ein Geheimnis im Zusammenhang mit einem «Vatermörder» beeinflusst, könnten die Wörter «Rollkragen» oder auch «Revers» diese Rolle spielen. Auf dem Umweg über eine berufliche Entscheidung – etwa Schneider oder Modedesigner zu werden – können sie die Existenz eines Geheimen bezeugen, das dem Betreffenden nicht bewusst ist, da er freiwillig darauf verzichtet hat, Zugang dazu zu haben.

Das Wirken von Sprache im Zusammenhang mit einem Geheimnis ist also äußerst komplex. Doch sie gehorcht einem einzigen Ziel und einem einzigen Prinzip. Indem sie die Interessen, Gefühle, Einstellungen und körperlichen Zustände, die sich zunächst mit den Wörtern des Geheimnisses verbinden, auf offenbar harmlose Objekte verlagert, soll sie den sensorisch, emotional und motorisch vollzogenen Symbolisierungen einen Zugang zur Psyche ermöglichen. Das all diese Umwandlungen steuernde Prinzip beruht auf den Bedeutungen, die sich hinter den Wörtern verbergen. Im «Rollkragen» oder «Revers» steckt der als «Vatermörder» bezeichnete Kragen und dahinter der Vatermörder im wörtlichen Sinn, den diese Begriffe im Unterbewusstsein wachrufen und der viel mehr zählt als die diversen Kragenformen.

DIE ZWEITE GENERATION

Waren die Geschehnisse, die am Beginn des Geheimnisses stehen, für diejenigen, die sie erlebten, «unaussprechbar», so werden sie für die zweite Generation «unbenennbar», das heißt, sie sind keiner verbalen Repräsentation mehr zugänglich. Ihre Inhalte sind unbekannt, man spürt und hinterfragt lediglich ihr Vorhandensein. In der zweiten Generation können spezifische Lernstörungen ohne schwere oder aber mit nur geringfügigen Beeinträchtigungen der Persönlichkeit auftreten.

76

In der dritten Generation wird das zunächst «unaussprechbare», dann «unbenennbare» Ereignis buchstäblich «undenkbar». Das Kind – wie später auch der Erwachsene – nehmen innerlich Empfindungen, Gefühle, Handlungsanreize oder Bilder wahr, die ihnen «bizarr» erscheinen und die sie sich unmöglich aus ihrem eigenen Seelenleben oder ihrer Familiengeschichte erklären können.

Wie bei der vorhergehenden Generation hängen auch in dem Fall all diese Verzerrungen mit Kommunikationsstörungen zwischen dem Kind und seinen Eltern zusammen, die schon sehr früh, aber auch mit einer gewissen Verzögerung auftreten können. Diese Störungen haben jetzt allerdings schwerwiegendere Auswirkungen als in der vorangegangenen Generation. Erscheint der Elternteil mit einem Geheimnis seinem Kind als Spiegel mit einer stellenweisen Trübung, so ist ein Elternteil, der selber einen Elternteil mit einem Geheimnis hatte und dessen Persönlichkeit deshalb geschädigt wurde, ohne dass er dies weiß, für sein Kind eine Art Zerrspiegel. Die Auswirkungen des Geheimnisses lassen sich, anders als bei der vorhergehenden Generation, nicht mehr eingrenzen und lokalisieren, sondern sind diffus und führen zu Schädigungen, für die der Elternteil der zweiten Geheimnisgeneration keinen Schlüssel hat.

Bei diesen Kindern (deren Großeltern nicht bewältigte, unaussprechbare Traumata erlitten haben) kann es zu den gleichen Störungen wie bei der vorangegangenen Generation, aber auch zu sehr viel schwerwiegenderen Schädigungen kommen. Für diese ist im Allgemeinen charakteristisch, dass ihnen jeglicher Sinnzusammenhang abhanden gekommen ist. Es handelt sich vor allem um psychotische Störungen, schwere Formen von Schwachsinn und unterschiedliche Arten von kriminellem oder Suchtverhalten, die es dem Betreffenden schwer machen, sich im Leben zurechtzufinden.

DIE WEITERE ENTWICKLUNG VON FAMILIENGEHEIMNISSEN NACH DER DRITTEN GENERATION

Wenn sie die dritte Generation durchlaufen haben, gehen Geheimnisse, außer in extrem schweren Fällen, normalerweise in den Einstellungen der Gesamtpersönlichkeit des Einzelnen auf. Allerdings machen sie oft neuen Geheimnissen Platz ... die sich unter dem Einfluss der ursprünglichen herausgebildet haben! Im Grunde genommen gerät jeder, der von einem Geheimnis beeinflusst wird – selbst wenn er sich dessen nicht bewusst ist –, in Versuchung, sich seine eigenen Geheimnisse zu schaffen. Da es ihm nicht gelingt, die Geheimnisse in den Griff zu bekommen, deren Opfer er ist, versucht er, eigene zu konstruieren und zu kontrollieren. Die Kinder der dritten Geheimnisgeneration, dazu verurteilt, nie etwas über das Geheimnis zu erfahren, mit dem sie konfrontiert sind, schaffen sich ... neue von Geheimnissen geprägte Konstellationen! Sie versuchen, einer Situation, die ihnen bis dahin als bar jeden Sinns erschien, eine – von ihnen beherrschbare – Bedeutung zuzuschreiben. Ein harmloses Familiengeheimnis verbirgt also oft ein anderes und gelegentlich sehr schwerwiegendes, das sich auf eine der vorangegangenen Generationen zurückführen lässt. Die von einer Generation als Reaktion auf ein Familiengeheimnis geschaffenen Geheimnisse lassen die vorhergehenden in Vergessenheit geraten, selbst wenn sie deren indirekte Folge sind. Hinter einem Geheimnis kann sich also immer ein anderes verbergen!

Schließlich kann es in bestimmten schweren Fällen zu einem Abbrechen der Generationenfolge kommen. Die Auswirkungen eines Familiengeheimnisses bei den Nachkommen – Geistesgestörtheit, psychische Defizite, aber auch die ausschließliche Hingabe an ein persönliches Werk – können eine Fortpflanzung verhindern: Manche Geschlechter sterben ohne ersichtlichen Grund aus ...

Es gibt zwei Arten psychischer Bilder: Zum einen jene, in denen wir uns frei «bewegen» und die wir in unseren Träumereien nach Belieben umwandeln, zum anderen Bilder, die unser Denken blockieren und die deshalb zu festgelegten und zwanghaft wiederholten Vorstellungen werden. Diese können an persönliche Traumata gebunden sein.

Unter Umständen sehen Menschen, die eine Naturkatastrophe oder ein Attentat erlebt haben, immer wieder dieselbe Szene vor ihrem inneren Auge. Gelegentlich beklagen Leute sich jedoch auch, unter Vorstellungen bestimmter traumatisierender Ereignisse zu leiden, als hätten sie diese selbst erlebt, obwohl sie ihren Eltern zugestoßen sind. Zum Beispiel können sich in der Vorstellung der Kinder von Deportierten psychische Bilder von Konzentrationslagern, in denen sie nie gewesen sind, oder von den Gräueltaten dort, die sie nie am eigenen Leib erlebt haben, einnisten. In solchen Fällen ist man gelegentlich geneigt, an … Gedankenübertragung zu glauben. Sie lassen sich indes ohne weiteres erklären, wenn man berücksichtigt, dass hier zwei Faktoren zusammenwirken: Einerseits ein phantasiertes Szenario, das aus den eigenen Erfahrungen im sozialen Umfeld stammt, und andererseits ein von der Umgebung ausgelöster Zwang zur Flucht in die Phantasie.

Zum Beispiel schämte Monique sich zutiefst, weil sie sich immer wieder sadomasochistische Szenen vorstellte, deren Opfer sie war. Diese Bilder drängten sich ihr in nahezu allen sozialen Beziehungen, sowohl beruflichen als privaten, auf. Sich einem Mann hinzugeben war ihr offenbar nicht möglich, da jedes Mal beängstigende Vorstellungen von Situationen sie heimsuchten, in denen sie gedemütigt wurde. Andererseits löste jeder etwas problematische berufliche Kontakt lebhafte sexuelle Erregung bei ihr aus, was ebenfalls zu massiven Schamgefühlen führte. Schließlich stellte sich heraus, diese Bilder hatten ihren Ursprung in der von ihren Eltern durchlittenen Verfolgung, die in ihnen fortwirkte, obwohl sie nie darüber sprachen. Bei Moniques Vater wechselten Phasen sadistischer Gewalt, in denen er seine Tochter körperlich misshandelte und demütigte, mit depressiven Schüben, in denen alles ablief, als würde er selber von einem unsichtbaren Folterknecht gedemütigt. Die Mutter Moniques hingegen nahm ihre Tochter häufig in Beschlag, um ihr irgendwelche rätselhaften Geständnisse zu machen, in denen sie von ihren Schwierigkeiten mit ihrem Mann sprach und ihre Ausführungen ständig mit Bemerkungen ergänzte wie «Alles kann ich dir nicht sagen», «Das Schlimmste lässt sich gar nicht aussprechen», «Es gibt Dinge, die kann man einfach nicht erzählen» und so weiter.

So wurden Monique einerseits von ihrem Vater demütigende Situationen aufgezwungen, die sie über Empfindungen, Gefühle und körperliche Zustände erlebte; andererseits forderte die Mutter mit ihren rätselhaften Berichten sie regelrecht dazu auf, sich vergleichbare Situationen vorzustellen. Durch die Verbindung beider Einflüsse wurde die Phantasiewelt Moniques mit zwanghaften Vorstellungen von Demütigungen regelrecht überflutet. Wäre Monique nur dem phantasierten Szenario ausgesetzt gewesen, das aus der Beziehung zu ihrem Vater resultierte, hätte sie zwar zweifelsohne sadomasochistische Verhaltensweisen, jedoch keine Zwangsvorstellungen entwickelt. Wäre hingegen lediglich die Aufforderung zum Phantasieren seitens ihrer Mutter zum Tragen gekommen, hätte dies die Vorstellungskraft des Mädchens angeregt, ohne zwanghafte Vorstellungen hervorzurufen, die ihre psychische Gesundheit beeinträchtigten. Anders ausgedrückt: Die Psyche bringt nur dann Zwangsvorstellungen hervor, wenn beides zusammentrifft: eine sensomotorisch-affektive Erfahrung im Zusammenhang mit dem bei einem Elternteil verspürten Geheimnis und die verbal übermittelte Vorstellung eines Geheimnisses, wobei es keine Rolle spielt, ob es sich um dasselbe oder ein anderes, ähnlich strukturiertes Geheimnis handelt.

DAS « DURCHSICKERN » von Geheimnissen hat gezeigt, wie verbal nicht Formuliertes sich auf andere Weise äußern kann. In den jeweiligen Ausdrucksformen spiegeln sich mehr oder weniger genau die Versuche des Betreffenden wider, das in Zusammenhang mit einem Geheimnis Wahrgenommene oder Erahnte, das er nicht in Worte fassen kann, auf andere Weise zu symbolisieren. Ein Außenstehender hingegen – und dies betrifft vor allem die nächste Generation – nimmt diese nichtverbalen Versuche einer Symbolisierung nicht aussprechbarer Geheimnisse als eine Art von «Schlupfwinkeln» des Geheimen wahr. Zwar weisen sie auf seine Existenz hin, sein Inhalt wird jedoch nicht enthüllt.

Verhaltensweisen oder Sprechgewohnheiten, eine bestimmte Art zu scherzen, aber auch vertraute Gegenstände sind solche «Schlupfwinkel».

EIN IN EINER GEDÄCHTNISLÜCKE
VERBORGENES GEHEIMNIS

André, von dem wir bereits berichtet haben, * hat es stets vermieden, von seiner Kindheit zu erzählen. Er fürchtete, sein Geheimnis auszuplaudern, falls er sich dazu hinreißen ließe, von dieser Zeit zu berichten. Aus dem gleichen Grund verschwieg er die

* S. Kapitel 4.

äußeren Umstände: Wo er gewohnt hatte – insbesondere die Wohnung, in der er seine ersten Lebensjahre verbracht hatte –, welche Schule er besucht und was für Freunde er gehabt hatte, bis hin zu den lokalen und touristischen Besonderheiten seiner Heimat. Das Geheimnis war in ein regelrechtes System von Erinnerungslücken abgetaucht, und diese Lücken umfassten nach und nach alle Situationen, die seine uneheliche Geburt und den damit verbundenen Schmerz hätten verraten können. Parallel dazu gelang es André irgendwann nicht mehr, eine gewisse Verlegenheit oder gar Bedrücktheit zu verbergen, wenn in Gesprächen Worte wie «ledige Mutter», «allein stehende Mutter» oder «Bastard» erwähnt wurden, die bei ihm besonders unangenehme Erinnerungen wachriefen. So kehrt das begrabene Geheimnis über unbeherrschbare emotionale Äußerungen zurück und beeinflusst das Verhältnis des Geheimnisträgers zu seinen Kindern, indirekt jedoch auch deren Innenleben.

EIN IN BEZIEHUNGSMUSTERN VERBORGENES GEHEIMNIS

Die fünfundvierzigjährige Danielle verlor ihren Vater vor etwa zehn Jahren. Ihre Kindheit war von der Untreue ihres Vaters geprägt gewesen, der ihre Mutter häufig betrog. Nur selten war er zu Hause und galt in den Augen der Familie und seiner Verwandten als loser Vogel. Bereits in der Kindheit war Danielle klar, ihr Vater gehörte zu den Männern, die «jeden Tag eine andere Frau» brauchen. Schon in jungen Jahren lebte sie mit dieser Vorstellung und teilte das tägliche Leid ihrer Mutter. Daher glaubte sie auch lange, alles über das schwierige Zusammenleben ihrer Eltern zu wissen.

Nun erfährt Danielle einige Jahre nach dem Tod ihres Vaters durch Zufall, dass er parallel zu seinem Eheleben zahlreiche homosexuelle Beziehungen hatte. Seine Devise hatte nicht gelautet: «Jeden Tag eine andere Frau», sondern: «Jeden Tag einen anderen Jungen». In dem Augenblick wird Danielle klar, bislang hatte sie sich ihr Leben so eingerichtet, dass sie es oft mit Homosexuellen – teils allein stehend, teils in einer festen Beziehung – zu tun hatte. Zwar hatte sie geglaubt, ihr Familienleben nach dem Modell ihrer Mutter gestaltet zu haben, doch unbewusst hatte sie einen Rahmen wiedergeschaffen, der sie der Veranlagung ihres Vaters näher brachte: seiner Homosexualität, die ihr nach außen hin verborgen geblieben war. Dies zeigt erneut, dass durch ein Geheimnis bedingte Verhaltensweisen nicht zwangsläufig belastend oder negativ sind. Der freundschaftliche Umgang mit Homosexuellen beiderlei Geschlechts bietet Danielle Gelegenheit zu interessanten und unterhaltsamen Gesprächen, von denen sie gern erzählt. Mit ihrem Verhalten bleibt sie aber irgendwie auch dem Andenken ihres Vaters treu, indem sie ihn unbewusst entschuldigt. In gewisser Weise gibt sie ihrem Vater, so als würde er noch leben, zu verstehen: «Der Umgang mit Homosexuellen ist nichts Schlimmes. Ich kenne übrigens selber ziemlich viele. Du siehst, eigentlich könntest du mir vertrauen … und endlich mit mir darüber sprechen.» Da Danielles Vater tot ist, richtet sich Danielles Verhalten natürlich nicht an ihren Vater als Person, sondern an das Bild, das sie sich von ihm gemacht hat. Mit der Wahl ihrer Freunde bleibt sie dem Familiengeheimnis treu und bekundet gleichzeitig – im Geheimen – ihrem Vater ihre Anhänglichkeit.

EIN IN EINEM AUSGEFALLENEN WUNSCH VERBORGENES GEHEIMNIS

Michail ist zwölf Jahre alt. Er zieht sich gern gut an und hält es für normal, dass seine Eltern ihm gegenüber finanziell ziemlich großzügig sind. In Wirklichkeit verfügen sie nur über bescheidene Einkünfte; allerdings erhält Michail beträchtliche Summen von seinem in Polen lebenden Großvater. Dieser Großvater, mit dem er sich normalerweise zweimal im Jahr trifft, schickt ihm jährlich einige tausend Franc – im Verhältnis zum allgemeinen Lebensstandard in Polen viel Geld. Im Verlauf eines Gesprächs lässt Michail durchblicken, ich «könnte ihm vielleicht helfen» … Auf die Frage, wie er sich das vorstelle, antwortet er, er würde gern arbeiten, «egal was», um Geld zu verdienen und sich damit die Klamotten kaufen zu können, die für seine Eltern nicht erschwinglich sind.

Zwischen dem Wunsch des Kindes, Geld zu verdienen, und seiner materiellen Lage (er lebt nicht gerade in Armut) sowie seinen persönlichen Vorlieben scheint keinerlei einleuchtender Zusammenhang zu bestehen. Michail legt nicht einmal Konkurrenzdenken oder übertriebene Rivalität mit dem Vater an den Tag. Mir scheint es daher näher liegend, ihn nach dem Beruf seines Großvaters zu fragen, denn schließlich bekommt Michail von diesem das meiste Geld. Der Junge antwortet, dass er diese Frage seiner Mutter schon mehrmals gestellt, diese jedoch immer ausweichend geantwortet habe, sein Großvater hätte es «verstanden, sich während des Krieges durchzuschlagen, weil er schlauer war als die anderen»! Zudem spielt er in polnischen Kasinos um große Beträge; die Herkunft des Geldes, das er heute verdient, bleibt also genauso geheimnisumwittert. Michail, der mit einem beunruhigenden Problem konfrontiert ist (wo kommt das Geld seines Großvaters her?), versucht nun, über die Art und Weise, wie er sein Leben gestaltet, eine Antwort darauf zu finden. Er will vor allem deswegen arbeiten, damit er sich jeden Tag beweisen kann, das Geld ist wirklich selber erarbeitet; auf diese Weise kann er vielleicht die quälenden Fragen nach der Herkunft des Vermögens seines Großvaters vergessen. Auch in diesem Fall wird deutlich, wie bestimmte, scheinbar unmotivierte Verhaltensweisen eines Kindes dem Wunsch entspringen können, eine Antwort auf ein Familiengeheimnis zu finden.

Ein in einem Gegenstand
verborgenes Geheimnis

In dem Film *Goupi Mains Rouges* von Jacques Becker lebt eine ganze Familie in der Hoffnung, einen in ihrem Haus versteckten Schatz zu finden. Einer nach dem andern versucht, den Großvater, der als Einziger weiß, wo der Schatz verborgen ist, dazu zu bringen, das Versteck zu verraten. Am Ende des Films stellt sich heraus, der Schatz war ständig für alle sichtbar, wie der «Entwendete Brief» in der berühmten gleichnamigen Novelle von E. A. Poe. In dieser Erzählung konnten die Polizisten den Brief nicht sehen, der vor ihren Augen in einem Kartenhalter über dem Kamin steckte. In *Goupi Mains Rouges* war das Gold der Familie eingeschmolzen und für die Herstellung des Pendels und der beiden Gewichte der großen Uhr im Esszimmer verwendet worden. Der Schatz war in einem für alle sichtbaren, ganz gewöhnlichen und deshalb völlig unverdächtigen Gegenstand verborgen.

Ebenso kann auch ein wichtiges Familiengeheimnis in einem alltäglichen Gegenstand verborgen sein, der zur gewohnten Umgebung der Familie gehört und dem dann die Aufgabe zufällt, die unaussprechbare Erinnerung an ein geheim gehaltenes Ereignis aufrechtzuerhalten.

Im Falle Patricks, dessen Vater seine erste Frau und seinen ersten Sohn durch die Deportation verloren hatte,* wusste die ganze Familie über dieses Ereignis Bescheid ... außer Patrick. Das wurde ihm klar, als er schließlich mit sechzehn Jahren von einem Cousin die Wahrheit erfuhr. Doch auch dieses Geheimnis war in einem für alle sichtbaren Gegenstand verborgen. Im Alter von acht Jahren hatte Patrick seinen Teddy nach dem ersten Sohn seines Vaters benannt! Man kann sich die Verblüffung des Vaters vorstellen, als Patrick verkündete, welchen Namen er für seinen Bären ausgesucht hatte. Und ebenso kann man sich denken, wie sehr der Va-

---

* S. Kapitel 3.

ter sich bemühte, seine Überraschung vor dem Sohn zu verbergen. Dies machte wiederum Patrick verlegen und löste in ihm Phantasievorstellungen aus, die um die Angst oder Traurigkeit kreisten, die er bei seinem Vater bemerkt hatte, ehe dieser sie überspielte. Schließlich kann man sich auch lebhaft ausmalen, welches Erstaunen, wenn nicht gar Verlegenheit es bei den Freunden und Verwandten, denen die Situation bekannt war, hervorrief, als Patrick ihnen erzählte, wie sein Teddy heißen sollte …

Noch ein weiteres Beispiel, bei dem sich das Geheimnis in einem Möbelstück verbirgt. Ginette ist sechzig Jahre alt. Kurz nach dem Tod ihrer Mutter beschließen sie und ihre Schwestern, das Haus, in dem sie aufgewachsen sind, zum Verkauf auszuschreiben. Der Vater ist schon zwanzig Jahre vor der Mutter gestorben.

Als Ginette ein letztes Mal auf den Speicher geht, fällt ihr ein Buffet auf, das sie schon lange nicht mehr gesehen hat. Von allen Möbeln aus dem Esszimmer ihrer Kindheit ist dieses Buffet als einziges Möbelstück übrig geblieben. Sie erinnert sich, dass ihre Mutter nach dem Tod ihres Vaters einen großen Teil des Mobiliars, vor allem im Esszimmer, ausgewechselt hat. Alle anderen Möbel ließ sie abholen … nur das Buffet nicht, das nun in Ginette in Erinnerung ruft, was eine Tante ihr vor einigen Jahre erzählt hat.

Ihr Vater – nennen wir ihn Bernard – war das außereheliche Kind seiner Mutter mit einem Nachbarn der Großeltern gewesen. Dieser Mann hatte sich anscheinend nie um den Jungen gekümmert. Doch zur Erstkommunion Bernards hatte er der Mutter des Kindes – seiner früheren Geliebten – ein prachtvolles Esszimmer geschenkt! Bernard war von seiner Mutter in dem Bewusstsein erzogen worden, dass über seiner Existenz ein Geheimnis schwebte. Außerdem hatte sie ihm einige Male versichert, sie werde nicht «gehen», ohne ihm Näheres darüber zu erzählen. Kurz vor ihrem Tod wies sie Bernard auf ein in der Schublade des Buffets versteckes Dokument hin, das ihm alles erklären würde, was er wissen müsse. Die Entscheidung der Frau, das Schriftstück, in dem

sie ihrem Sohn seine Herkunft enthüllte, in dem von ihrem Liebhaber geschenkten Buffet zu hinterlegen, war mit Sicherheit kein
Zufall. Leider fand Bernard nach dem Tod seiner Mutter das Dokument nicht in dem berühmten Buffet. Offenbar hatten, wie Gi-
nettes Nachforschungen viele Jahre später ergaben, Bernards
Halbbrüder (deren Vater der Ehemann, nicht der Liebhaber der
Mutter war) das Papier entwendet … Wie dem auch sei, die Ess-
zimmerausstattung gewann auf diese Weise große Bedeutung für
Bernard, und er hielt sie deshalb, verständlicherweise, sein Leben
lang in Ehren! Wie sich Ginette erinnert, waren es die einzigen
Möbel, von denen sich ihr Vater nie hatte trennen wollen. Nach
seinem Tod hatte seine Frau vieles verändert. Sie hatte den Ess-
zimmertisch und die Stühle abholen lassen, nicht aber das Buffet!
Zweifelsohne hatte sie auf diese Weise unbewusst den Wunsch
ihres Mannes respektiert, der hier das Geheimnis seiner Herkunft
zu finden gehofft hatte, und auch seinen Wunsch, dass seine Kinder vielleicht eines Tages das Geheimnis entdeckten, das ihr Vater
so gern herausbekommen hätte.

EIN IN EINEM LIEBLINGSBUCH VERBORGENES GEHEIMNIS

Da es Kindern schwer fällt, ihre Eltern nach einem Familiengeheimnis zu fragen, richtet ihre Neugierde sich oft auf Dinge, die
anscheinend nichts damit zu tun haben. Ebenso häufig führen
diese Interessen sie jedoch wieder zu dem Familiengeheimnis zurück … und zwar unbemerkt von allen, manchmal sogar von den
Kindern selber! Nicht selten begeistert ein Kind sich für einen Roman, einen Comic oder einen Film, die ihm insgeheim seine
eigene Situation vor Augen führen. Seine Phantasien kreisen dann
nicht mehr so sehr um das Geheimnis, das man ihm verbirgt, sondern um diesen Roman, diesen Comic, diesen Film. Später dürfte
es ziemlich schwer fallen, in den individuellen psychischen Konstrukten des Erwachsenen den Anteil, den die geheim gehaltenen

Familienereignisse daran hatten, und den, der aus diesen ersten konkreten Anregungen zum Phantasieren herrührt, zu bestimmen. Die Geschichte Hergés ist ein berühmtes Beispiel dafür.

Der Schöpfer von *Tim und Struppi* hatte es als Kind in der Tat mit einem schwerwiegenden Familiengeheimnis zu tun. Ein Großteil seiner kindlichen Phantasien stand in Zusammenhang mit diesem Geheimnis, und er unterlegte sie mit dem, was er las. Auf diese beiden Quellen – den aus dem Familiengeheimnis erwachsenen Phantasien und jenen, die er über die Texte weiterspann, die ihn in dieselbe Richtung wiesen – griff er in *Tim und Struppi* zurück. Wir wollen diese Geschichte ein wenig näher ausführen. *

Hergés Großmutter hatte zwei Kinder gehabt – ein Zwillingspaar –, war jedoch nie verheiratet gewesen und hatte auch nie mit einem Mann zusammengelebt. Die beiden Jungen – der Vater und der Onkel Hergés – trugen daher anfangs den Mädchennamen der Mutter. Als sie sieben waren, durften die Jungen nach der Schließung einer geheimnisvollen Scheinehe, die von einer nicht weniger mysteriösen Gräfin in die Wege geleitet worden war, den Namen «Remi» annehmen. Später entschied sich Georges Remi, der ältere Sohn eines der beiden Zwillinge, für das Pseudonym «Hergé». Das Geheimnis, das seine Kindheit umgab, hing also mit der Identität seines Großvaters, des großen Unbekannten zusammen, der mit seiner Großmutter die Zwillinge gehabt hatte. Bald erzählte man dem jungen Hergé, dieser Mann sei «auf der Durchreise gewesen …» und nicht weiter von Bedeutung, bald verkündete man hingegen mit geheimnisvoller Miene: «Du wirst nie erfahren, wessen Enkel du bist, das würde dir bloß zu Kopf steigen!» Das führte dazu, dass der junge Hergé gelegentlich glaubte, von edler Geburt zu sein und von einem Adeligen, wenn

---

* Nähere Erläuterungen findet der Leser in meinen Büchern «Tintin chez le psychanalyste». Paris: Aubier, 1985, und «Tintin et le Secret d'Hergé». (Hors Collection), 1993.

nicht gar vom belgischen König selbst abzustammen! Die andere Quelle der Kindheitsträume des jungen Hergé entspricht der eben genannten auf allen Ebenen. Mittlerweile erwachsen und Zeichner, erzählt er, wie er seine ganze Kindheit hindurch von dem Roman *Sans Famille* («Das elternlose Kind») von Hector Malot im wahrsten Sinne des Wortes «gefesselt» war. Das Buch hat gewiss bei sehr vielen jungen Lesern einen nachhaltigen Eindruck hinterlassen, doch man kann sich vorstellen, weshalb Hergé aus ganz persönlichen Gründen besonders empfänglich dafür war.

Der Roman erzählt in der Tat von einem Kind namens Rémi – abgesehen von dem Akzent auch der Name Hergés, der damals noch Georges Remi heißt. Außerdem wird der junge Held, der seinen adeligen Eltern bei der Geburt entführt worden ist, von armen Leuten groß gezogen. In der Gastfamilie trägt einer der Brüder den Vornamen Alexis, wie Hergés Vater, und eine der Schwestern heißt Lise, fast wie Hergés Mutter, deren Name Lisa ist! Man kann sich vorstellen, welche Gefühle derart viele Übereinstimmungen bei dem jungen Georges wachriefen. Seine Eltern konnte Hergé nicht nach der adeligen Herkunft seines Vaters fragen, doch in der Lektüre von *Sans Famille* fand er Anklänge an seine eigenen Fragen, die unbeantwortet blieben.

In seiner Begeisterung für das Buch Hector Malots konzentrierte sich also seine ganze, immer wieder enttäuschte Neugierde hinsichtlich der möglicherweise adeligen Herkunft seines Vaters. Mit den Träumereien im Zusammenhang mit dem Roman setzte Hergé seine Suche nach der Wahrheit fort, verbarg sie jedoch gleichzeitig vor sich selber.

In seinen späteren Schöpfungen fand er ganz von selber auf den Weg zurück, den diese für ihn so wichtige Lektüre, mit deren Hilfe er seinen kindlichen Fragen nach dem Familiengeheimnis Gestalt verlieh, ihm vorgezeichnet hatte. Aus seinem Helden Tintin machte er, nach dem Vorbild des jungen Rémi in *Sans Famille*, einen unermüdlich Reisenden. Als Gefährten gab er ihm einen kleinen weißen Hund, ähnlich dem Lieblingshund von Rémi, mit auf den Weg, den er «Capi» nannte, die Verkleinerungsform von «Capitaine». Und als er sich einen treuen Freund für Tintin ausdachte, machte er aus diesem einen richtigen Kapitän, den berühmten Haddock, in Erinnerung an den «Capi» in dem Roman von Hector Malot. Schließlich lässt auch der Name des Schlosses von Haddocks Vorfahren an den der Adelsfamilie des Helden in *Sans Famille* denken: Das Schloss der Vorfahren Rémis trug den Namen «Milligan» – eine Erweiterung des englischen *mill*, die Mühle, auf Französisch *moulin* ... und Hergé nannte das Schloss der Haddocks «Moulinsart»!

Auf diese Weise verwendet ein Kind manchmal Geheimnisse, die in erfundenen Geschichten eine Rolle spielen, als Erklärungsmodell für die eigenen Familiengeheimnisse. So machte Hergé aus dem Chevalier de Hadoque den illegitimen Sohn Ludwigs XVI., da er selber immer davon geträumt hatte, sein Vater stamme aus adeliger oder gar königlicher Familie! Die Tatsache jedoch, dass seine Großmutter Dienstmädchen in einem Schloss gewesen war, als sie mit Hergés Vater und Onkel schwanger wurde, reicht mit Sicherheit nicht aus, um dessen adelige Herkunft zu beweisen. Der rätselhafte Vorfahr kann ebenso ein Freund der Familie, ein durchreisender Industrieller oder sonst eine Person gewesen sein, deren Identität aus unbekannten Gründen geheim gehalten werden musste ...

EIN IN DER FAMILIENBIBLIOTHEK VERBORGENES GEHEIMNIS

Im Alter von vierzehn Jahren schockiert es Claude, Sohn einer sehr wohlhabenden Familie in Auteuil, ungeheuer, als ein Klassenkamerad ihn als «dreckigen Juden» bezeichnet. Auf seine Frage hin erklärt ihm sein Vater, er sei wie seine ganze Familie jüdischen Ursprungs. Claude gelingt es nicht, sehr viel mehr Erklärungen zu erhalten. Vor allem erfährt er auch weiterhin nicht das Geringste über die Qualen, die seine Verwandten wie so viele andere Juden während des letzten Krieges möglicherweise ertragen mussten. Auf seine Frage hin, ob damals irgendwelche Angehörigen umgekommen seien, gibt der Vater vor, nichts darüber zu wissen. Einige Jahre später entdeckt Claude jedoch auf dem obersten Regal der Familienbibliothek eine Liste von jüdischen Opfern der Naziverfolgung. Darin finden sich auch die Namen zahlreicher Familienmitglieder, die sorgsam mit roter Tinte unterstrichen sind! Das Geheimnis, das Claudes Vater dem Sohn nicht preisgeben wollte, war also in einem Buch in der Familienbibliothek gewissenhaft vermerkt worden.

Die Reihe der Beispiele für einerseits versteckte, andererseits aber in gewisser Weise durchaus offen zugängliche Geheimnisse ließe sich lange fortsetzen. Angesichts solcher Entdeckungen, noch mehr der Nachforschungen, die uns dorthin führen, sollten wir eines nie vergessen: Ein Geheimnis kann immer ein anderes in sich bergen!

6 Ein Geheimnis
birgt ein anderes in sich

MANCHMAL FÜHRT ein Familiengeheimnis zur nahezu identischen Wiederholung einer bestimmten Situation in der nächsten Generation, so wie ein Kopiergerät mehrere Exemplare desselben Dokuments herstellt. Solche «Reproduktionen» sind jedoch meist die Folge von Situationen, die den Kindern nicht unbekannt sind, daher starke Identifikationsimpulse in ihnen auslösen und einen Versuch des Kindes (und des späteren Erwachsenen) darstellen, den Eltern ähnlich zu werden. So bekommen die Töchter lediger Mütter, die das auch wissen, häufig selber ein uneheliches Kind. Familiengeheimnisse hingegen führen nur selten zu solch «einfachen» Wiederholungen.

Tatsächlich ist nicht der Inhalt des Geheimnisses pathogen, sondern der Prozess, in dessen Verlauf das Kind sich durch das Geheimnis dazu gedrängt fühlt, sich mit ihm abzufinden und es gleichzeitig aufrechtzuerhalten. Beispielsweise können Kinder, die von einem Elternteil mit einem Geheimnis groß gezogen werden, in Versuchung geraten, «blindlings Dinge zu tun, die eine imaginäre Lösung des Problems dieses Elternteils versprechen», wie Claude Nachin schreibt. *

So war es im Fall der jungen Österreicherin, die 1960 im Alter von zwanzig Jahren einen jüdischen Jungen heiratete, ohne recht zu wissen, warum. Lange nach ihrer Scheidung brachte sie diese Entscheidung mit der geheimnisvollen Stimmung in Verbindung,

---

* Claude Nachin, Les Fantômes de l'âme. Paris: L'Harmattan, 1993.

die nach dem Krieg während der Besuche bei ihrem Vater in einem streng bewachten Lager geherrscht hatte. Er war bei der SS gewesen!

In anderen Fällen vermeiden Kinder, die von einem Elternteil mit einem Geheimnis groß gezogen werden, ihr ganzes Leben lang alles, was in ihnen die Erinnerung an ein Drama wachrufen könnte, das die Eltern ihrer Vorstellung nach erlebt haben. Sehr häufig haben jedoch die Auswirkungen der Geheimnisse kaum einen erkennbaren Bezug zu diesen. Insbesondere kommt es nicht selten vor, dass Geheimnisse ihrerseits neue – schwerwiegende oder harmlose – Geheimnisse erzeugen ... Die «neuen Geheimnisse» erlauben dem, der mit einem Familiengeheimnis konfrontiert war, sich durch die Schaffung eigener Geheimnisse in gewisser Weise für die zu rächen, unter denen er gelitten hatte. So wird er vom Opfer zum Täter! Wenn man Geheimnisse zu etwas Alltäglichem macht, gelingt es außerdem, jeder Versuchung aus dem Weg zu gehen, die Eltern wegen der von ihnen gehüteten Geheimnisse zu verurteilen. Also Vorsicht! Ein Geheimnis kann ein anderes in sich bergen.

Wenn die Zunge sich löst ...

Ein Ereignis, das uns an ein länger zurückliegendes erinnert, kann uns, wie jeder weiß, dazu bringen, von diesem ursprünglichen Geschehnis zu erzählen. Jocelyne und Pierre sind seit zwölf Jahren verheiratet und haben noch immer keine Kinder. Medizinische Untersuchungen deuten auf eine organische Schwäche bei Pierre hin. Da sie eine künstliche Befruchtung ablehnen, beschließen die beiden, ein Kind zu adoptieren. Nach drei Jahren Wartezeit sind ihre Bemühungen zur großen Freude der Eltern wie auch der Großeltern von Erfolg gekrönt. Letztere sind froh, einen Enkel zu haben, aber auch, weil das Leben von Sohn beziehungsweise Tochter endlich seine Erfüllung findet. Pierres Vater erzählt nun sehr viel häufiger und ausführlicher von seiner eigenen Kindheit als je zuvor. Vor allem geht er jetzt näher auf die Umstände seiner eigenen Adoption und seiner Kindheit ein. Pierre hatte von der Adoption des Vaters gewusst, doch er hat ihn noch nie so zwanglos darüber sprechen hören.

In dieser Familie hat also die Wiederholung «die Zunge gelöst» und zu offenen Gesprächen über das Thema geführt. Als Pierre und Jocelyn drei Jahre zuvor ihre Entscheidung, ein Kind zu adoptieren, verkündet hatten, war dies nicht der Fall gewesen. Erst als das Kind adoptiert und in das Zuhause von Pierre und Jocelyne aufgenommen worden war, begann Pierres Vater von seiner Kindheit und Jugend als adoptiertes Kind zu erzählen. Nicht selten fördert also ein solches Ereignis die Bereitschaft anderer Familienmitglieder, von ähnlichen, früher erlebten Geschehnissen zu berichten, deren genaue Umstände sie bis dahin geheim gehalten haben.

Genauso verhält es sich bei Familiengeheimnissen. Vorkommnisse, die bislang aus Scham oder Angst geheim gehalten worden sind, werden oft in dem Augenblick gebeichtet, in dem sie sich bei einem anderen Familienmitglied wiederholen. Zum Beispiel begann eine Frau, die eine tragische Abtreibung durchgemacht hatte, in dem Augenblick darüber zu sprechen, als auch ihre Tochter abtreiben musste. Damit stellt sich die Frage, in welchem Maße solche Wiederholungen einen Versuch der Kinder darstellen, in der Familie das Gespräch über ein geheim gehaltenes Ereignis wieder in Gang zu bringen.

So war es auch bei Gaston, von dem wir schon berichtet haben.* Ehe seine Mutter ihm das Geheimnis enthüllte, war Gaston «zweigeteilt»: Einerseits wusste er nichts vom Geheimnis seines Vaters und lebte, als existiere es nicht; andererseits spürte er das Geheimnis und versuchte Bedingungen zu schaffen, die seinen Vater davon entlasten könnten. Doch nachdem man ihm das Ge-

* S. Kapitel 1.

heimnis anvertraut hatte, blieb die Spaltung bestehen: Ein Teil von Gaston war überzeugt, das Geheimnis betreffe ihn nicht, da es das seines Vaters und nicht seines war; der andere Teil von ihm versuchte weiterhin, es seinem Vater leichter zu machen. Als er selber ein uneheliches Kind zeugte und sich weigerte, es anzuerkennen, brachte Gaston sich in die gleiche Lage, die ursprünglich sein Vater erlebt hatte, und nährte so unbewusst die Illusion, die Kommunikation mit ihm aufrechterhalten zu können. Erst als sein Vater ihn schließlich als möglichen Mitwisser des Geheimnisses anerkannte (das heißt, als er mit diesem über dessen Geheimnis reden konnte), war Gaston in der Lage, sein eigenes Kind anzuerkennen.

Ein durch Wiederholung enthülltes Geheimnis

Pierre ist dreiunddreißig Jahre alt. Die Geburt seines ersten Sohnes war ein wunderbares Erlebnis für ihn. Hingegen stellt die Ankunft des zweiten ihn vor große Probleme, die sich in Anfällen von Aggressivität gegen seine Frau und einer ausgeprägten Ablehnung des Kindes äußern. Nachdem er lange Zeit über sein Unbehagen nachgegrübelt hat, entdeckt Pierre schließlich durch Zufall den Ansatz einer Antwort in der Genealogie seiner Familie.

Seine Urgroßeltern hatten vier Kinder, lauter Söhne. Der zweite und dritte waren früh gestorben, und der vierte, den eine Krankheit fast das Leben gekostet hätte, hatte danach immer gekränkelt. Seltsamerweise schien die Geschichte sich in der folgenden Generation zu wiederholen. Nur der ältere der beiden überlebenden Söhne, der Großvater von Pierre, hatte Kinder, ebenfalls zwei Söhne: Der erste (Pierres Vater) entwickelte sich normal; der andere wurde geisteskrank. Pierres Vater hatte wiederum zwei Söhne: Pierre, der ältere, war in seinem Beruf äußerst erfolgreich, während sein jüngerer Bruder schwer drogenabhängig wurde.

Im Licht dieser Erinnerungen begreift Pierre, dass die Angst angesichts der Geburt eines zweiten Sohnes nicht allein die seine ist: Vor ihm haben sie schon mehrere Generationen durchgemacht. Alles läuft so ab, als treffe die Familie bei der Geburt eines zweiten Kindes regelmäßig ein «Fluch», der möglicherweise an ein zurückliegendes Familiengeheimnis gebunden ist. Familiengeheimnisse, deren Inhalt vergessen wurde, können auf lange Sicht solche Wirkungen nach sich ziehen.

Derlei Wiederholungen treten gelegentlich auch bei somatischen Erkrankungen auf; allerdings sind die genauen Wirkungsmechanismen nicht erkannt. Fest steht nur, auch in diesem Fall löst die Wiederholung häufig die Zunge, wie im Falle Grégorys.

Der zweiundzwanzigjährige Grégory ist HIV-positiv. Im Unterschied zu anderen Infizierten entwickelt sich bei Grégory das volle Krankheitsbild von Aids Furcht erregend schnell. Als er im Sterben liegt, besucht ihn seine Mutter, Madame A. Weinend gesteht sie ihm, sie sei besonders erschüttert, da sie ihn unter ganz ähnlichen Umständen sterben sehe wie ihren Vater. Madame A.s Vater hatte nach dem, was sie in Erfahrung bringen konnte, in der Tat an einer sich rasch verschlimmernden Form von Syphilis gelitten, als sie noch ein Kleinkind gewesen war. Die Familie hatte die Todesursache immer geheim gehalten, zum einen weil diese Krankheit zu jener Zeit als Schande empfunden wurde, zum anderen wegen der geistigen Beeinträchtigung, die sie bei Grégorys Großvater mit sich gebracht hatte. Erst als Erwachsene hatte Madame A. die Wahrheit erfahren. Die Beziehung zu ihrer Mutter war aufgrund der Lügen, die diese geglaubt hatte erfinden zu müssen, um «ihre Tochter zu schützen», immer ziemlich schwierig gewesen.

Zwar ist es äußerst problematisch, das Auftreten von Aids einem Familiengeheimnis zuzuschreiben, dennoch kann man sich angesichts einer solchen Situation fragen, bis zu welchem Grad das schnelle Fortschreiten der Krankheit bei Grégory mit dem Geheimnis verknüpft sein könnte, das er geahnt hatte. Jedenfalls zeigt sich hier einmal mehr die Schicksalhaftigkeit einer durch ein Familiengeheimnis in Gang gesetzten Wiederholung: Das tragische Geschick des an einer «schändlichen» Krankheit gestorbenen Großvaters wiederholt sich bei seinem Enkel. Und erst als Grégory stirbt, kann seine Mutter ihm ihr Geheimnis und gleichzeitig ihren Schmerz anvertrauen. Auch hier wird im Nachhinein Wiederholung als eine Möglichkeit erkennbar, die es dem Kind erlaubt, die gestörte Kommunikation mit den Eltern wieder aufzunehmen. Dieser Wunsch entspringt allerdings weniger einer altruistischen Motivation, sondern zielt eher darauf, die Eltern wieder für sich verfügbar zu machen. In diesem Fall besteht das eigentliche Drama darin, dass die Aufdeckung des Geheimnisses so spät erfolgte: Nach Ausbruch der Krankheit steht es nicht mehr in der Macht der Mutter, den Lauf des Schicksals umzukehren.

WENN MAN GEFALLEN AN GEHEIMNISSEN FINDET ...

Wie bereits erwähnt, neigen Menschen, die in einer Familie mit einem Geheimnis aufgewachsen sind, als Erwachsene häufig dazu, sich ihrerseits mit Geheimnissen zu umgeben. Gaston, von dem weiter oben die Rede war, hatte seit jeher das Bedürfnis empfunden, zusammen mit seinen Klassenkameraden und später mit seinen Kumpeln und Freunden kleine Geheimnisse auszuhecken. Er selber brachte diese Neigung mit der Geheimnistuerei in seiner Familie in Verbindung, als man ihm das Leben seines Vaters vor seiner Geburt verheimlichen wollte.

Edouards Fall ist schwerwiegender. Nachdem er im Alter von dreizehn Jahren schon einmal von zu Hause ausgerissen ist, rücken seine ursprünglichen Berufspläne – er wollte Arzt werden – immer weiter in der Hintergrund, und Edouard gleitet zunehmend in die Drogenszene ab. Zuerst probiert er mit Freunden ein paar Mal Haschisch und geht dann binnen kurzem zu Heroin über. Er nimmt es zunächst immer dann, wenn er sich von seinem Bruder trennen muss, dem er in der Kindheit sehr nahe gestanden hat und von dem er sich immer nur schwer losreißen konnte, wenn sie sich trafen. Als er neunundzwanzig ist, beschließt seine schwer kranke Tante, ihm ein Familiengeheimnis anzuvertrauen: Ihr Bruder – also auch der Bruder seiner Mutter – war wegen schweren Diebstahls im Gefängnis. Edouards Mutter, die sehr an dem Bruder hing, war damals nur sehr schwer damit zurechtgekommen.

Meine erste Begegnung mit Edouard fällt in die Zeit nach diesem Geständnis. Seine Sucht, die zunächst in den Augenblicken des Wiedersehens und des Abschieds von seinem Bruder aufgetreten war, scheint nun zunehmend enger mit dem Familiengeheimnis verknüpft. Als Kind hatte er die Depressionen und Ängste seiner Mutter aus nächster Nähe miterlebt und eine vage Ahnung von einem Drama gehabt, das etwas mit einem Verstoß gegen die Gesetze und einer Trennung zu tun gehabt hatte. Das Rauschgift, mit dem er wie viele Heranwachsende eher zufällig in Berührung gekommen war, bot ihm eine Möglichkeit, das Geheimnis, das man ihm verbarg, das er jedoch irgendwie ahnte, in Szene zu setzen. Durch den Konsum von Rauschgift und den damit verbundenen Rückzug in Schweigen und auf sich selbst inszeniert Edouard die Notwendigkeit der Verschwiegenheit: In gewisser Weise wird er zu seiner Mutter, die sich ganz auf ihr schmerzliches Geheimnis zurückgezogen hatte. Da er mit ihr nicht darüber sprechen kann, «wird er sie». Indem er sich auf das Drogenmilieu und all die damit verbundenen Heimlichtuereien einlässt, gelingt es Edouard nicht nur, eine Ersatzfamilie zu finden; in gewisser Hinsicht legitimiert er so auch die Geheimnisse in seiner Familie. Die Lügen im Zusammenhang mit der Drogenbeschaffung kommen ihm leicht über die Lippen, und er lässt sich so selbstverständlich darauf ein, als wolle er seine Eltern von ihrer Schuld freisprechen, ihm ein Geheimnis vorenthalten und ihm damit das niederschmetternde Gefühl vermittelt zu haben, ausgeschlossen zu sein.

Patricia ist sechsundzwanzig. Sie hat eine ausgeprägte Phobie gegen nackte Füße: Wenn sie jemanden barfuß sieht, bekommt sie ungeheure Angst, verbunden mit übertriebener Besorgtheit um die Gesundheit des Betreffenden. Wenn Patricia beispielsweise ihren Freund barfuß sieht, fürchtet sie sofort um seine Gesundheit oder gar sein Leben. Sie hat Angst vor einem Unfall, zum Beispiel dass er in einen rostigen Nagel tritt, obwohl dies in ihrer Pariser Wohnung ziemlich unwahrscheinlich ist. Auch ihre eigenen Füße kann sie nicht in entblößtem Zustand sehen, ohne von schrecklichen Angstgefühlen überwältigt zu werden. Wenn sie keine Socken oder Pantoffeln anhat, traut sie sich kaum, sie anzusehen.

All das belastet natürlich die Beziehung zu ihrem Baby nachhaltig. Beim Windeln – normalerweise eine willkommene Gelegenheit zum Spielen und Plaudern – überkommt sie panische Angst, weil sie gezwungen ist, seine Füße zu sehen. Aus diesem Grund hat sie verschiedene Vermeidungsstrategien entwickelt, beispielsweise entblößt sie die Füße des Babys so wenig wie möglich und lässt ihm fast ständig Söckchen an. Auf lange Sicht wird dieses Verhalten aber wahrscheinlich schwere Störungen bei dem heranwachsenden Baby hervorrufen. Wie könnte es auch die Angst seiner Mutter angesichts seiner nackten Füße begreifen? Zwar versucht Patricia, ihre Sorge hinter Begründungen wie «Mein Baby könnte sich erkälten!» zu verbergen, doch sie wird diese Rationalisierungen kaum aufrechterhalten können, wenn das Kind erst einmal größer und möglicherweise zwischen zwei gegensätzlichen Impulsen hin und her gerissen ist: Entweder gibt es der Mutter Recht und gehorcht, weil die Mutter dies erwartet, oder es folgt den gängigen, gesellschaftlich anerkannten Verhaltensweisen. Wie es sich auch entscheidet, das Ergebnis wird eine gespaltene Persönlichkeit sein. Und falls die Ängste der Mutter es nachhaltig belasten, wird es im Verlauf der Sozialisation Schwierigkeiten bekommen. Wie kann man zum Turnen gehen, wenn einem die eigenen Füße infolge der mütterlichen Angstvorstellungen, die man nicht versteht, wie abgetrennt vorkommen?

Im Verlauf einer Psychotherapie entdeckt Patricia, dass ihre Phobie gegen bloße Füße etwas mit einem Familiengeheimnis zu tun hat, und es gelingt ihr auch, dieses nach und nach zu rekonstruieren. Ihr Großvater hatte sich, als sie noch ganz klein war, erhängt. Damals hatte sie mitbekommen, wie um sie herum immer wieder die Rede davon war, Großvater Joseph habe «sich aufgehängt». Allerdings hatte Patricia das französische Wort «*pendu*» nicht verstanden. Deshalb hatte sie ihre Angst auf eine Wortgruppe übertragen, die ihr leichter zugänglich war, auf die «*pieds nus*», die «nackten Füße».

Wie wir sehen, entwickelte sich Patricias Phobie aus einer doppelten Verschiebung: Einerseits hatte die Panik ihrer Eltern angesichts des Selbstmords des Großvaters in ihr selber heftige Ängste ausgelöst, andererseits hatte sich die mit dem «erhängt» («*pendu*») verknüpfte Angst auf die «*pieds nus*» verlagert. Eine simple phonetische Assoziation mit den verborgenen Worten eines Geheimnisses kann also durchaus ein Symptom hervorrufen. So funktioniert nun einmal die Logik des Unbewussten!

LERNSCHWIERIGKEITEN

Auf das Lernverhalten wirkt ein Geheimnis sich meistens negativ aus. Zwar kann es durchaus die Kreativität des Kindes fördern, doch meist nur auf verkrampfte und für das Kind schmerzvolle Weise.

Ein Kind, das die Existenz eines Geheimnisses spürt und zugleich das Gefühl hat, keine Fragen stellen zu dürfen, kann unterschiedlich reagieren. Manchmal setzt seine Neugierde vollständig aus. Es wird in jeder Hinsicht gehemmt, und dies führt möglicherweise zu einer deutlichen Verschlechterung seiner schulischen Leistungen. Paradoxerweise kann dies durchaus mit einer ausgeprägten intellektuellen Neugierde für bestimmte Bereiche gekoppelt sein, die das Kind sich selber erarbeiten muss.

Das erahnte Geheimnis – so kann man diese Besonderheit erklären –, führt dazu, dass das Kind das Vertrauen zu den Eltern und in der Folge zu allen erwachsenen Autoritätspersonen, etwa den Lehrern in der Grundschule oder im Gymnasium, verliert. Es kann nur noch für sich alleine lernen, in einem angstfreien Kontext, der keinen Bezug mehr zu seiner Unfähigkeit hat, einem Pädagogen zu vertrauen. Im günstigsten Fall wird aus ihm ein «autodidaktisches» Kind, das heißt ein Kind, das nur losgelöst von jeglicher pädagogischen Situation lernen kann.

In anderen Fällen wendet sich die Neugierde des Kindes Gebieten zu, die keine Verbindung zu dem ursprünglichen Geheimnis erkennen lassen, etwa Schmetterlingsjagd oder Geologie. In diesem Fall ist das Kind durchaus bereit, mit einem Lehrer oder einem Elternteil eine pädagogische Beziehung einzugehen, vorausgesetzt, sie betrifft nur dieses spezielle Gebiet. Wenn diese Kinder eine Psychotherapie machen, erweist ihr Interesse für das jeweilige Spezialgebiet sich stets als unbewusste Fortsetzung ihrer Ahnungen in Bezug auf ein Familiengeheimnis. Gelegentlich wenden sie sich auch der wissenschaftlichen Forschung zu. Die Wissenschaft ist ja tatsächlich der einzige Bereich, in dem Neugierde nicht nur gefördert, sondern sehr geschätzt wird. Richtet das Kind seine Aufmerksamkeit auf ein Gebiet, das keinen Bezug mehr zu dem ursprünglichen Geheimnis hat, kann es auch seine an das Geheimnis gebundenen gefühlsmäßigen Vorstellungen unter Verschluss halten, Vorstellungen, die besonders schmerzlich, da mit Schuldgefühlen belastet sind. Ein Kind, das einem Geheimnis ausgesetzt ist, kann quälende Fragen wie «Lügen meine Eltern mich an?» und vor allem «Warum lügen sie mich an?» in der Tat nie vollständig verdrängen.

In anderen Fällen empfindet ein Kind, das ein Geheimnis spürt, es als besonders schmerzlich, dass seine Eltern ihm nicht vertrauen. Warum sagen sie ihm nichts? Glauben sie vielleicht, es könne seine Zunge nicht im Zaum halten? Oder halten sie es für zu klein? Es selber kommt sich doch schon so «groß» vor. Auf ein Verhalten, das das Kind als mangelndes Verständnis, wenn nicht sogar als eine Form von Verachtung empfindet, reagiert das Kind mit wütenden Trotzanfällen, die völlig unbegründet erscheinen, und legt Verhaltensweisen an den Tag, die von den Eltern vorschnell als «Launen» oder «Hysterie» abgetan werden. In Wirklichkeit versucht das Kind, mit seinem Verhalten die Ängste und Spannungen abzubauen, die das Schweigen der Eltern in ihm hervorruft.

Die Fragen des Kindes lähmen unter Umständen nicht nur seine intellektuellen Fähigkeiten und seine Bereitschaft, Bindungen einzugehen. Sie können auch den normalen Prozess blockieren, in dem das Kind sich ab der Pubertät von den Eltern löst, um sein Leben selbständig zu gestalten. Wie könnte es sich von einem Elternteil trennen, an den es sich durch die Existenz eines schmerzlichen Geheimnisses gebunden fühlt? Irgendwie hofft es immer noch, seinen Vater oder seine Mutter eines Tages davon erlösen zu können, und bleibt deshalb bei ihm oder ihr. So entstehen Eltern-Kind-Bindungen, bei denen ein Sohn oder eine Tochter beschließt, zusammen mit einem der beiden Eltern alt zu werden – ob Vater oder Mutter, ist nicht so wichtig –, anstatt ein eigenes Leben als Erwachsener zu führen. Oft hängen solche Situationen nicht so sehr mit einem unzureichend bewältigten ödipalen Konflikt, sondern eher mit der Problematik von Familiengeheimnissen zusammen: Das Kind wartet auf die Enthüllung des Geheimnisses, weniger, weil es «die Wahrheit wissen will», sondern eher, um Vater oder Mutter von ihrer drückenden Last zu befreien.

Wir kennen Aussagen von Eltern, die es ihren Kindern schwer machen, sich von ihnen zu lösen, etwa: «Es gibt da ein Geheimnis, aber ich kann es dir nicht sagen. Es ist zu schrecklich. Ich kann nicht mit dir darüber reden.» Unterschwellig stellen derlei Äußerungen eine Herausforderung dar: «Finde das Geheimnis selbst heraus, ohne dass ich darüber sprechen muss.» Solche Anspielungen halten das Kind, und später den Erwachsenen – in dem Anspruch gefangen, sich um jeden Preis vorstellen zu müssen, worunter der Elternteil gelitten hat, um ihn schließlich davon zu befreien.

Am Ende stellen diese Kinder manchmal ihre eigenen Beobachtungen und Wahrnehmungen infrage. Sie werden von Zweifeln an der Bedeutung dessen, was sie empfinden, am Sinn ihres Lebens und zuletzt an ihrem psychischen Gleichgewicht gequält. Andere fühlen sich als Fremde im eigenen Haus und werden schließlich sich selber zu Fremden. Und doch werden die meisten Familiengeheimnisse mit den besten Absichten der Welt geheim gehalten!

SCHMERZLICHE KREATIVITÄT

Ein Kind kann auch versuchen, das, was man vor ihm verbirgt, mit bestimmten Phantasievorstellungen zu überlagern. Alles, was das Kind infolge einer symbolischen, geographischen oder klanglichen Ähnlichkeit an das vor ihm verborgene Familiengeheimnis erinnert, jagt ihm Angst und Schrecken ein. Das lief im weiter oben erwähnten Fall Patricias ab. Gelegentlich löst der Versuch, sich dem Geheimnis zu nähern, nicht eine bestimmte Phobie, sondern Bildvorstellungen aus. Das Kind widmet sich dem Malen oder Photographieren und beschäftigt sich möglicherweise bis ins Erwachsenenalter hinein damit. Bildern kommt in Hinblick auf Geheimnisse im Übrigen eine herausragende Bedeutung zu. Wenn es verboten ist, sich einer Sache mit Worten anzunähern, so ist es doch nicht untersagt, sich über Bilder damit auseinander zu setzen! In seinen Bildschöpfungen versucht das Kind also, ohne Wissen des Erwachsenen, der ein Geheimnis hütet – manchmal aber auch mit dessen mehr oder weniger bewusstem Einverständnis –, zu der als unaussprechbar erlebten Wahrheit vorzudringen.

So war es bei dem Kind, dessen Vater sich erhängt hatte und dessen Mutter es für richtig gehalten hatte, die Umstände dieses Todes vor ihm zu verbergen: Es zeichnete unentwegt erhängte Cowboys und Indianer!

Oft spiegeln die Phantasien, die das Kind rund um das Geheimnis entwickelt, dieses nicht wider, und zwar aus gutem Grund. Man unterstellt ihm ja, es wisse nichts von seinem Inhalt oder auch nur von seiner Existenz! Diese Phantasievorstellungen sind vielschichtige Gebilde, in denen sich Bruchstücke von Informationen, die das Kind in Gesprächen mit den Eltern aufgeschnappt hat, mit seinen eigenen phantasierten Vorstellungen zu dem, was es verstanden zu haben glaubt, vermischen; in sie fließen aber auch Phantasien ein, mit denen die Eltern das unaussprechbare Geheimnis umgeben haben oder immer noch umgeben und mit denen sie das Kind über ihre Aussagen und Verhaltensweisen konfrontieren.

Diese Konstellation kann seine schöpferischen Fähigkeiten durchaus fördern. Dann richtet es seine gesamte psychische Energie – manchmal auf Kosten seines Liebeslebens oder sogar seiner Gesundheit – auf die Schaffung eines Werkes, das sich dem Geheimnis, das man vor ihm verborgen hatte, so weit wie möglich anzunähern versucht, wenn auch stets in verschlüsselter Form. So war es insbesondere im Fall Hergés.

Man kann deshalb jedoch nicht sagen, ein Geheimnis fördere die Kreativität: Menschen, denen es gelingt, ihr an ein Geheimnis geknüpftes Leiden in ein Kunstwerk umzusetzen, sind eher selten. Zutreffender wäre es wohl, zu sagen, das Geheimnis trage zusammen mit anderen Faktoren zur Förderung der Kreativität bei, indem es die Phantasiegebilde in den Vordergrund rückt, die sich der schöpferische Mensch unter seinem Einfluss in der Kindheit ausgedacht hat.

SCHON ALLEIN die Tatsache, dass man ein ganzes Buch über Geheimnisse schreiben kann, zeigt, dass man sich für viele von ihnen nicht mehr, wie noch vor einigen Jahrzehnten, zu schämen braucht. Die zunehmende sexuelle Freizügigkeit, die Legalisierung der Abtreibung, die Vereinfachung und Ausweitung der Möglichkeiten einer Adoption lassen zahlreiche herkömmliche Geheimnisse als überholt erscheinen. Auch mit Religionsunterschieden in «gemischten» Ehen verbundene Geheimnisse sind heute keine mehr, zumindest bei uns nicht.

Dennoch darf diese Veränderung der Sitten und Gebräuche uns nicht darüber hinwegtäuschen, dass es immer wieder neue Ursachen für Geheimnisse gibt, beispielsweise Aids. Vor allem, wenn auf diese Weise ein Ehepartner von einem Seitensprung des anderen erfährt, der ihm bislang verborgen geblieben war, und wenn diese schmerzliche Entdeckung vor den Kindern verheimlicht wird, diese es aber dennoch vermuten. Und auch Kriege sind nach wie vor eine wichtige Quelle von Geheimnissen: Zum einen wegen der Traumata, die sie allen Beteiligten zufügen, zum anderen aufgrund der Verschwiegenheit, zu der sie verpflichtet werden oder die sie sich selber auferlegen, um ihre Familien nicht zu belasten. Wer kann schon sagen, was die Soldaten im Golfkrieg wirklich durchgemacht haben? Ein paar verwundete Franzosen auf zweihunderttausend tote Iraker – wie viele geheim gehaltene Horrorszenarien im Kopf und im Herzen der Soldaten mögen sich hinter diesen Zahlen verbergen?

Was also tun, um sich den schädlichen Auswirkungen von Geheimnissen und den Spaltungen, zu denen sie führen, zu entziehen? Wie kann man davon gesunden, wie seine Angehörigen davon befreien? Zunächst gilt es zu vermeiden, dass es überhaupt zu Geheimnissen kommt. Man braucht nicht jede durchlittene Situation als «schicksalhaft» hinzunehmen. Ungeheuer wichtig ist es, mit den Kindern über alles zu reden, was ihre und unsere Herkunft betrifft, sie über das aufzuklären, was uns Sorgen macht. Man braucht dabei nicht unbedingt auf alle Einzelheiten einzugehen. Aber darum zu wissen erspart ihnen, sich für die Hauptursache unserer Sorgen zu halten oder eines Tages entdecken zu müssen, dass sie jahrelang von einem Bereich des Familienlebens ausgeschlossen waren, der sie sehr wohl betraf. Und falls es einigen Eltern schwer fällt, mit ihren Kindern über schmerzliche Geheimnisse zu reden, sollten sie wissen, dass auch die Möglichkeit besteht, sich von Außenstehenden helfen zu lassen.

KEINE GEHEIMHALTUNG!

Zusammen mit ihrer Tochter und ihren beiden Söhnen, die siebenundzwanzig, fünfundzwanzig beziehungsweise einundzwanzig Jahre alt sind, kommt Madame B. in meine psychologische Sprechstunde in einem Allgemeinkrankenhaus. Sie suchen mich auf Anraten ihres Hausarztes auf, um mit mir über den achtundfünfzigjährigen Monsieur B. zu sprechen, der seit zwei Jahren im Koma liegt und künstlich am Leben gehalten wird. Sein Gehirn ist zerstört, und es besteht keinerlei Hoffnung, dass er je wieder aus dem Koma erwacht. Seine Frau, seine Tochter und die beiden Söhne wollen die Behandlung abbrechen lassen. Im Grunde genommen möchten sie ihre Trauerarbeit um einen Menschen abschließen, der in ihren Augen bereits tot ist. Für sie würde das Begräbnis einer Situation ein Ende setzen, an der sie ihrer Ansicht nach nichts mehr ändern können.

Im Verlauf des Gesprächs stellt sich heraus, dass Monsieur und Madame B. noch einen Sohn haben, den dreizehnjährigen Philippe, der seit zwei Jahren bei einer Tante in der Bretagne lebt. Sie haben Philippe zwar weggebracht, aber er weiß, was los ist. Das weckt meine Neugierde, und nach etlichen gezielten Fragen erfahre ich schließlich, dass Monsieur B. nach einem missglückten Selbstmordversuch ins Koma gefallen ist. Man hatte Philippe nicht etwa deswegen abgeschoben, weil man sich nicht ausreichend um ihn kümmern konnte, sondern weil seine Mutter und seine Brüder und die Schwester den Selbstmordversuch vor ihm geheim halten wollten. Ich bestehe darauf, den Jungen zu sehen. Ein paar Wochen später bringt seine Mutter ihn mit. Bei dem Gespräch mit ihm stellt sich heraus, dass ihn der Gedanke an den Tod quält und ihn grauenhafte Bilder verfolgen, die in Zusammenhang mit dem Selbstmordversuch seines Vaters stehen. Dieser hat sich aus einem Fenster gestürzt, und Philippe hat eine Phobie vor leeren Räumen entwickelt, verbunden mit der Angst, selbst aus dem Fenster zu springen. Außerdem verfolgen ihn Bilder von blutverschmierten Knochenbrüchen. Da ich der festen Überzeugung bin, dass man Philippe über den Selbstmordversuch seines Vaters aufklären muss, gelingt es mir schließlich, die Mutter zu überreden, das Geheimnis zu lüften. Wahrscheinlich konnte auf diese Weise die Gefahr gebannt werden, dass Philippe Selbstmord begeht, oder doch zumindest das Risiko, dass Selbstmordneigungen gefährliche Verhaltensweisen bei ihm hervorrufen. Übrigens wurde dadurch, dass die Mutter mit Philippe über den Selbstmordversuch seines Vaters sprach, das Vertrauensverhältnis zwischen den beiden wieder hergestellt, und auch dies sicherte dem Jungen bessere Chancen für seine Zukunft.

Da es für Geheimnisse charakteristisch ist, dass sie sich auf mehrere Generationen auswirken, kann man ihre Heilung auf zwei Ebenen angehen. Einerseits auf derjenigen der Geheimnisse, die wir selber bewahren und die den nachfolgenden Generationen schaden können, zum anderen auf derjenigen der Geheimnisse, deren Opfer wir in der zweiten oder dritten Generation sind. In beiden Fällen ist die Grundvoraussetzung für eine «Behandlung des Geheimnisses», uns von einer Idealisierung zu kurieren. Wir haben in der Tat gesehen, dass viele Geheimnisse nur aus dem Grund aufrechterhalten werden, weil man dazu neigt, die Eltern zu idealisieren, und seinerseits in den Augen seiner Kinder als perfekt dastehen will. Die erste Voraussetzung, unseren Kindern eine Verstrickung in unsere eigenen ungelösten Konflikte zu ersparen, ist es, sich von der Wunschvorstellung zu befreien, wir selber, unsere Eltern oder unsere Kinder seien vollkommen. Um sich mit Familiengeheimnissen abzufinden und darüber hinwegzukommen, ist es ungeheuer wichtig, zu erkennen und anzuerkennen, dass unser Leben und das der Menschen, die wir lieben, weit entfernt sind von dem Idealbild, das wir uns davon machen.

Die zweite Voraussetzung, die mit der ersten zusammenhängt, ist der Verzicht darauf, unsere gequälten Eltern, die unter Geheimnissen leiden, über die sie nicht sprechen können, heilen zu wollen: Es steht nicht in unserer Macht, ihnen die Last ihrer verborgenen Schmerzen abzunehmen. Doch dieser Verzicht ist gar nicht so einfach! Verführt von der Illusion der Allmacht, die zunächst unsere Kindheit prägte, haben wir geglaubt, in der Lage zu sein, unsere Eltern von ihrer Qual zu befreien und sie glücklich und für uns verfügbar zu machen. Nicht selten halten wir auch noch nach dem Tod unserer Eltern an diesem Trugbild fest, da wir den Wunsch verinnerlicht haben, sie nach dem Bild, das wir uns von ihnen gemacht haben, zu formen und zu heilen. Vielleicht glauben wir, das gehe einzig und allein uns etwas an …

Das Problem ist aber, dass unsere Kinder in ihrer Beziehung zu uns ihrerseits diesen Wunsch aufgreifen. Sie idealisieren uns, und sie idealisieren ihre Fähigkeit, uns glücklich machen zu können. Wenn wir also nicht den Wunsch aufgeben, unsere Eltern zu heilen, halten wir unsere Kinder in der Notwendigkeit gefangen, nun uns kurieren zu müssen, sogar über unseren Tod hinaus ...

Wenn es darum geht, ob man die Kinder in Familiengeheimnisse einweihen soll, taucht immer wieder eine Frage auf: «In welchem Alter sollte man das tun?» Darauf würde ich, ohne zu zögern, antworten: «So früh wie möglich!» Je länger Eltern warten, desto schwieriger wird es für sie, ihrem Kind zu erklären, warum sie etwas Wichtiges so lange vor ihm geheim gehalten haben. Dennoch, ist es wirklich nötig, von frühester Kindheit an darüber zu sprechen, wenn man doch eigentlich überzeugt ist, das Kind «verstehe noch nichts»? Aus zwei Gründen ist es unerlässlich. Erstens ermöglicht es dem Erwachsenen, allmählich die richtigen Worte zu finden. Wenn man seinem Baby stammelnd das schmerzliche Geheimnis anvertraut, wird man die rechten Worte finden, wenn das Kind drei oder vier Jahre alt ist. Der zweite Grund ist, dass man nie mit Sicherheit weiß, was ein Kleinkind schon alles verstehen kann! Das weiter oben angeführte Beispiel Jeannes veranschaulicht dies.* Als man das kleine Mädchen schließlich aufklärte, weinte es und machte den Eltern erbittert den Vorwurf, es fünf Jahre lang belogen zu haben. Für sie war offenbar das Schmerzlichste, dass alle anderen Familienmitglieder – Onkel, Tanten, Großeltern ... – etwas gewusst hatten, wovon sie keine Ahnung gehabt hatte. Ihre Mutter, der keine Argumente mehr einfielen, um ihr Schweigen zu entschuldigen, fragte Jeanne schließlich, wann sie ihr ihrer Ansicht nach die Wahrheit hätte sagen sollen. Ohne zu zögern, antwortete das kleine Mädchen: «Ihr hättet mir das sagen müssen, als ich noch ganz klein war. Kapiert

* S. Kap. 3.

hätte ich nichts, und ich hätte auch nicht geweint, aber ich hätte alles gewusst.» Besser kann man es nicht ausdrücken!

NOTWENDIGE HILFSKONSTRUKTIONEN

Wenn das Geheimnis mindestens eine Generation zurückreicht, kennt man es nur über seine Auswirkungen. Jemand, der es mit einem Geheimnis zu tun hatte und der in seiner psychischen Entwicklung dadurch nicht allzu sehr behindert wurde, hat zwangsläufig versucht, zumindest zu erahnen, was man vor ihm verbarg. Die Phantasievorstellungen, die er dabei entwickelte, haben ihm ermöglicht, das Geheimnis einzugrenzen und so zu vermeiden, dass seine ganze Neugierde sich ausschließlich darauf richtete. Es ist deshalb von ausschlaggebender Bedeutung, dass ein Dritter die Berechtigung der Hilfskonstruktionen anerkennt und damit dem Geheimnis seinen Stellenwert zuweist, ob er nun Therapeut oder einfach ein Familienmitglied ist. Vor allem hätte es verheerende Folgen, diese Hilfskonstruktionen mit dem zu verwechseln, was Sigmund Freud den «Familienroman der Neurotiker» nennt. Laut Freud spiegelt dieser den Versuch des Kindes wider, den schmerzlichen Widerspruch zwischen der Liebe und dem Hass, die es für seine Eltern empfindet, zu lösen. Tatsächlich hasst jedes Kind seine Eltern ebenso sehr, wie es sie liebt, nicht nur aus Wut über die erzieherischen Maßnahmen, die sie ihm aufzwingen, sondern auch, weil sie es gelegentlich allein lassen und enttäuschen. Um sich von diesem beängstigenden Konflikt zwischen Liebe und Hass zu befreien, erfindet das Kind Traumeltern, die vollkommen sind und die es für seine «wahren» Eltern hält. Nur ihnen gilt seine Liebe. Seine wirklichen Eltern sind in seiner Vorstellung nur «Pflegeeltern», deren Obhut es anvertraut worden ist. Dieser Typus von «Familienroman» entsprach voll und ganz der Gesellschaft, in der Freud lebte und die in «Herren» und «Diener» unterteilt war. Kinder niederer Herkunft konnten sich so immer vorstellen, dass sie von einem Adelsgeschlecht abstammten! Dieses Schema entspricht jedoch ganz und gar nicht dem, was sich abspielt, sobald ein Geheimnis ins Spiel kommt. Die Phantasiegebilde, die ein mit einem Familiengeheimnis konfrontiertes Kind sich ausdenkt, sind ganz anderer Art. Sie entspringen der Notwendigkeit, Dinge zu symbolisieren, die in Wirklichkeit seinen Vorfahren zugestoßen sind, egal ob es sich um die Generation seiner Eltern, seiner Großeltern oder eine noch weiter zurückreichende handelt. Die von diesen unvollkommen oder nur teilweise symbolisierten Geschehnisse haben keinen Platz im psychischen Leben der Familie gefunden. Die Hilfskonstruktionen des Kindes beruhen daher nicht, wie beim Freudschen «Familienroman», auf seinen «verdrängten Sehnsüchten», sondern gehen auf die Spuren zurück, die tatsächliche Vorkommnisse in der Familie hinterlassen haben. Zwar fließen in sie, wohlgemerkt, auch die kindlichen Begierden und Phantasievorstellungen ein, je nachdem, wie weit es sie ausgearbeitet hat, aber sie sind von sekundärer Bedeutung.

Schließlich muss man bei jedem Versuch, mit einem Familiengeheimnis fertig zu werden, zwei Gefahren meiden. Die erste besteht darin, zu glauben, wir könnten eines Tages ein Geheimnis wie eine historische Wahrheit entschlüsseln. So liegt dem Versuch, den Familienstammbaum zu rekonstruieren, oft eine übertriebene Spielart dieser Illusion zugrunde. Wie angenehm ist es doch, sich vorzustellen, in den Verzweigungen eines Stammbaums könnte, ein wenig wie ein Vogel auf einer Astgabel, ein Geheimnis zum Vorschein kommen!

Die zweite Klippe ist die genaue Umkehrung der ersten. Sie ist die Überzeugung, Familiengeheimnisse seien reine «Erfindungen», hinter denen bestimmte Phantasievorstellungen – das heißt verborgene Sehnsüchte – eines Familienmitglieds stehen.

Man muss die Hilfskonstruktionen, die ein Kind um das erahnte Geheimnis errichtet, deshalb immer als Ausdruck seiner Intelligenz und Neugierde betrachten. Die Angehörigen und

Freunde, die von den Eltern unter der Bedingung ins Vertrauen gezogen wurden, das Geheimnis nicht zu verraten, können dabei eine wichtige Rolle spielen. Wenn sie schon nicht den Inhalt des Geheimnisses preisgeben dürfen, so können sie doch zumindest zugeben, dass es existiert, und auch die Qualen anerkennen, die damit verbunden sind.

VOM GEHEIMNIS EINES ANDEREN BEHERRSCHT

Wie wir gesehen haben, kann die Phantasie eines Kindes, das unter einem Familiengeheimnis leidet, dadurch ungeheuer beflügelt werden. Es ist verstümmelten, widersprüchlichen, bruchstückhaften Botschaften ausgesetzt, die um das vermutete Geheimnis kreisen, und bietet in der Tat manchmal seine ganze Intelligenz auf, um es zu verstehen. Ein solches Verstehen vollzieht sich zunächst über den Versuch, sich den Inhalt des Geheimnisses bildlich vorzustellen, das heißt, es in innere Bilder umzusetzen. Die ausgeprägte Neigung des Kindes, sich Bilder von dem Geheimnis zu schaffen, garantiert leider keineswegs, dass auch der Erwachsene schöpferische Fähigkeiten entwickelt. Unglücklicherweise ist oft genau das Gegenteil der Fall. In der Tat lässt schöpferische Vorstellungskraft sich als die Fähigkeit definieren, immer neue Bilder zu schaffen. Nun bergen aber die Bilder, mit deren Hilfe ein Kind ein Familiengeheimnis zu «sehen» und dann zu verstehen versucht, die Gefahr in sich, später zu fixen Ideen zu werden, zu denen seine Vorstellungskraft unablässig zurückkehrt und schließlich in einer Sackgasse landet. Eine derartige Festlegung der Phantasie auf in der Kindheit geschaffene Bilder ist leicht zu erklären. Das Kind hat, als Reaktion auf ein Geheimnis, psychische Szenen und Szenarios erfunden, weil es gehofft hat, von seinen Eltern eine Bestätigung oder eine Widerlegung zu hören. Blieb diese Erwartung unerfüllt, weil die Eltern nicht darauf eingegangen sind, kehren diese Vorstellungen zwanghaft wieder. In diesen Fällen werden die Personen gleichsam von den Bildern verfolgt, mit deren Hilfe sie im Alter zwischen drei und fünf Jahren das Geheimnis, das man vor ihnen verbarg, zu verstehen versuchten. Im Alter von etwa sechs Jahren wurden diese Bilder zwar in ihr Unterbewusstsein abgedrängt, aber sie tauchen später in vielfältiger Gestalt wieder auf. Diese Zwanghaftigkeit unterliegt nicht nur einer Logik der Wiederholung. Sie verfolgt unbewusst einen ganz bestimmten Zweck: endlich eine Bestätigung oder eine Widerlegung zu erhalten!

Da diese Menschen jedoch nicht endlos auf eine Reaktion ihrer Eltern warten können, konfrontieren sie nun alle ihre Angehörigen und Freunde mit ihren in Bilder gekleideten Rätseln! So spielen Menschen, die in Familien mit Geheimnissen groß wurden, ihren Gesprächspartnern gegenüber oft auf Bilder an, die sie sich vor langer Zeit ausgedacht haben, um das Verhalten ihrer Eltern zu verstehen. Dies geschieht allerdings, ohne dass sie sich dessen bewusst sind. In gewisser Hinsicht stellen sie nach wie vor – verschlüsselt und unbewusst – die ursprünglich an ihre Eltern gerichtete Frage, die unbeantwortet geblieben ist, weil sie hoffen, einer ihrer Gesprächspartner könnte ihnen helfen, die Bilder, die sie sich damals ausgedacht haben, in Worte zu fassen und ihnen einen Sinn zu verleihen. Gelegentlichen Gesprächspartnern gegenüber bleibt diese Haltung mehr oder weniger folgenlos. Ganz anders verhält es sich jedoch bei den nahe stehenden Personen: dem oder der Geliebten, dem Ehemann oder der Ehefrau, bei Freunden und vor allem bei Kindern! Erwachsenen bieten sich in der Tat vielfältige Gelegenheiten, ihren Kindern ihre Szenarios und Lieblingsbilder aufzudrängen: die Art, wie sie von ihrer Kindheit berichten, die Auswahl der Geschichten, die sie ihnen erzählen, die Bücher, die sie ihnen kaufen, die Lieblingsanekdoten oder -scherze der Familie, die Vorschläge, welche Bücher sie lesen sollen, Theaterstücke, die sie sich gemeinsam ansehen oder ihren Kindern empfehlen und so weiter. Auf diese Weise wirken sich die von dem Kind für sich selber erfundenen Geschichten schließlich auf seine eigenen Kinder aus. Am besten schützt man seine Kinder, indem man die Bilder und Verhaltensweisen zu entschlüsseln versucht, die man als Reaktion auf ein Geheimnis entwickelt hat. Oft ist dies sogar die einzige Möglichkeit.

DIE KINDHEITSLÖSUNGEN NACHVOLLZIEHEN

Wenn ein Patient, der als Kind unter einem Geheimnis gelitten hat, eine Psychotherapie macht, dann erzählt er seinem Therapeuten genau die gleichen Geschichten, weil er hofft, dieser könne ihm endlich erklären, was sie bedeuten. Dies wirft allerdings ein schwerwiegendes Problem auf. Eltern, die ein Geheimnis für sich behalten, können den Sinn der Träumereien, mit deren Hilfe das Kind das Geheimnis zu begreifen versucht, verstehen. Der Therapeut hingegen hat keine Ahnung, worum es bei dem Geheimnis der Eltern des Patienten ging, der ihm jetzt gegenübersitzt! Die einzige Möglichkeit, die sich ihm bietet, ist, zu versuchen, mit Hilfe seines Patienten die Gefühle wieder zu entdecken, die das Kind beim Erfinden dieser imaginären Szenarios empfand. Denn sie gründen durchweg auf leidenschaftlichen Gefühlen den Eltern gegenüber, die es nicht zeigen konnte: Wut, Scham, Schuld, das Gefühl, aus der Familiengemeinschaft ausgestoßen zu sein, die seinem Empfinden nach ein Geheimnis teilt, von dem nur es als Einziges ausgeschlossen bleibt ... Allerdings verselbständigen sich diese Bilder später sehr schnell, weil diese Gefühle, eben wegen ihrer Heftigkeit, die Gefahr in sich bergen, die Persönlichkeit des Kindes aus dem Gleichgewicht zu bringen. Genauso wie das Kind sich auf der Basis der Gefühle, die in der Beziehung zu seinen Eltern keinen Platz finden, seelische Szenarios ausdenkt, trennt es diese später von den ursprünglichen Gefühlen ab, weil sie in der Beziehung zu seinen Eltern eine Bedrohung darstellen. Aus diesem Grund können imaginäre Szenarios, die das Kind im Alter von mindestens fünf Jahren als Reaktion auf ein Familiengeheimnis entwickelt hat, in der Psyche des Erwachsenen unverändert weiter bestehen. Der Psychotherapeut muss nun versuchen, den Patienten dazu zu bringen, diese Bilder und Szenarios mit Hilfe der Gefühle, die sie ursprünglich hervorgebracht haben, gewissermaßen neu zu interpretieren.

Man könnte die seit der Kindheit verfestigten Szenarios mit Pflanzen vergleichen, die auf einem einst fruchtbaren Boden keimten und dann zeitweise verdorrten, als der Boden austrocknete. Der Bewässerung entspricht dann die Flut lebendiger Gefühle. Die Pflanzen sind die Bilder, die das Kind dynamisch und schöpferisch schuf, um eine Antwort auf die durch das Geheimnis aufgeworfenen Fragen zu finden und um zu verhindern, dass diese Fragen seine Psyche überfluteten. Also unterbrach es die gefühlsmäßige «Bewässerung» und brachte damit das Wachstum zum Stillstand, wie ein Gärtner aufhört, ein Stück Land zu bewässern, sodass die einstmals grünenden Pflanzen verdorren. Die Zwangsvorstellungen, die den Erwachsenen quälen, entsprechen den abgestorbenen Stielen. Der Erwachsene empfindet diese Bilder oft als seiner eigenen Persönlichkeit fremde Bereiche. Und für den Teil der Persönlichkeit, der sich unter dem Einfluss neuer Erfahrungen weiterentwickelt, sind sie dies auch. Diese Bereiche können nur in dem Augenblick erneut schöpferisch fruchtbar werden, wenn die Gefühle, die sie zunächst genährt haben und die ihnen dann entzogen wurden, sie wieder bewässern.

Dies war bei Hergé der Fall, als er sich für den Beruf des Zeichners entschloss. Die Erfindung von *Tim und Struppi* ermöglichte ihm, noch einmal die Teilstrecke seiner persönlichen Geschichte abzuschreiten, die er sich in Zusammenhang mit einem Familiengeheimnis ausgedacht hatte, über das man nicht sprechen durfte, das er jedoch geahnt, herauszubekommen versucht und dann verdrängt hatte. Hergé schöpfte sein Werk nicht nur aus den Phantasien seines Jugend- oder Erwachsenenalters, sondern ging dabei auch von jenen aus, die er sich im Alter zwischen drei und sechs Jahren ausgedacht hatte, um sich das auszumalen, was man vor ihm verheimlichte. Träumereien, die ihm zunächst bewusst gewesen waren und die er sich damals in der Hoffnung zurechtphantasiert hatte, seine Eltern besser zu verstehen. Diese waren jedoch nicht bereit gewesen, ihm auf seine Fragen zu antworten, also hatte er lernen müssen, sie völlig zu unterdrücken. Das Unbehagen, das die Neugierde des Jungen bei seinen Eltern auslöste, hemmte die Kommunikation mit ihnen. So lässt sich erklären, warum diese Fragen aus der Kindheit und die imaginären Szenarios, die Hergé für sie entworfen hatte, versteckt und zugleich sehr direkt in seine Werke eingeflossen sind.

Hergé schuf sein Werk, indem er erforschte, welche Auswirkungen ein Familiengeheimnis, dessen Inhalt er nicht erfahren durfte, auf ihn gehabt hatte. Es handelt sich hier nicht um eine Sublimierung im eigentlichen Sinne. Dieser Begriff wurde von Freud geprägt, um den glücklichen Ausgang eines Konflikts zwischen dem Wunsch einer Person und einem dem entgegenstehenden Verbot zu bezeichnen. Im Fall eines Familiengeheimnisses, das auf einem Kind lastet, besteht das einzige Bedürfnis darin, verstehen zu wollen, und das einzige Verbot ist, dass es die geheim gehaltene Wahrheit nicht entdecken darf. Der Ausgleich, den das Kind zwischen diesem Wunsch – der seine eigene Psyche betrifft – und dem Verbot – das seine Eltern ihm auferlegen – vollziehen muss, führt nie zu einem «glücklichen Ende». Das Geheimnis und vor allem dessen Auswirkungen auf seine Psyche müssen ihm in der Tat unbekannt bleiben. Für ihn gibt es nur mehr oder weniger geglückte Versuche, sich anzupassen und damit abzufinden ...

Allerdings kommt dennoch ein Teil der Sublimierung im Sinne Freuds ins Spiel. Vielleicht hat das Geheimnis die Erfüllung bestimmter, durchaus legitimer Sehnsüchte des Kindes erschwert, insbesondere sein Streben nach Selbständigkeit und der Eroberung des sexuellen Bereichs, wie bei dem weiter oben erwähnten Mädchen, das eine Phobie gegen nackte Füße entwickelt hatte. Doch die wirklich tief greifenden Verhaltens- und psychischen

Störungen, die sich unter dem Einfluss eines Geheimnisses entwickelt haben, sind nicht so einfach zu beheben. Aber zumindest wird, wenn man sie feststellt und untersucht, eine Art Versöhnung mit sich selber und in gewissem Grad auch mit den Trägern des Geheimnisses möglich. Jeder Mensch, der zu irgendeinem Zeitpunkt seines Lebens ein Familiengeheimnis auf sich lasten spürte, muss die gleiche psychische Arbeit leisten wie Hergé. Er muss erneut den Weg der Kindheitslösungen gehen, die er als Antwort auf die Widersprüche und Paradoxa, die seine Eltern ihm mit ihrem Geheimnis aufzwangen, erfunden und in Bilder umgesetzt hat. Diese Lösungen stellen so etwas wie partielle Symbolisierungen dessen dar, was von der vorangegangenen Generation nicht symbolisiert werden konnte. Gleichzeitig sind sie die Ausgangsbasis für die Entwicklung der Persönlichkeit des von einem Elternteil mit einem Geheimnis groß gezogenen Kindes. Diese Hilfskonstruktionen anzuerkennen ist umso notwendiger, als man, um Geheimnisse zu heilen, oft darauf verzichten muss, zu wissen, worum es dabei geht ...

DER VERZICHT DARAUF, DAS GEHEIMNIS ZU ERGRÜNDEN

Ein Psychotherapeut ist kein Hellseher. Es wäre anmaßend, zu glauben, er könnte eines Tages ein Familiengeheimnis erraten, das die Psyche eines Patienten geprägt hat. Die Arbeit des Therapeuten ist bescheidener und ... realistischer. Er muss zusammen mit seinem Patienten die durch die Erfahrung einer schwierigen Kommunikation mit den Eltern hervorgerufenen Gefühle und imaginären Behelfskonstrukte wiederfinden. In der Tat sind bestimmte Verhaltensweisen und Phantasievorstellungen des Kindes, die sich später in seiner Psyche als eine Art Fremdkörper auswirken, eine Folge solcher Erfahrungen. Die Arbeit des Psychotherapeuten darf daher – zumindest anfangs – nicht auf den Inhalt des Familiengeheimnisses abzielen, den die Angehörigen des Patienten vor ihm verbargen. Dies würde die Gefahr in sich bergen, dass dieser aus dem Wunsch heraus, seinen Therapeuten zu verstehen, alle möglichen Vorstellungen entwickelt, die eben nicht auf seinen eigenen Erfahrungen beruhen … genau das, was passierte, als er noch ein Kind war! Er musste schon seinen Eltern helfen, das zu verstehen, was sie selber nicht verstanden! Selbst unabhängig von dieser unheilvollen Voraussetzung würde eine derartige Einstellung seitens des Therapeuten dazu führen, das Wesentliche aus den Augen zu verlieren: das Seelenleben des in seiner Entwicklung durch das Familiengeheimnis behinderten Kindes und die Folgen, die sich daraus für sein weiteres Leben ergeben.

Ahnt man daher bei einem Patienten oder in einer Familie ein Geheimnis, so darf man gar nicht erst versuchen, irgendwelche Hypothesen über seinen Inhalt aufzustellen. Vielmehr muss man zunächst danach fragen, welches Leid die Teilsymbolisierungen unter dem Einfluss einer gestörten Kommunikation mit den Eltern nach sich gezogen haben. Es ist keineswegs notwendig, irgendwelche Teilaspekte des Geheimnisses zu kennen, das als Ganzes sowieso unentschlüsselt bleibt. Es ist sogar überflüssig – und möglicherweise gefährlich –, Fragen zu den Phantasievorstellungen, die sich um das Geheimnis gebildet haben, zu stellen, etwa: «Was glauben Sie mittlerweile von dem Geheimnis zu wissen, das sie als Kind geahnt haben?» Derlei Fragen locken den Patienten, ob es sich nun um einen Erwachsenen oder um ein Kind handelt, auf den Weg der Realität eines Geheimnisses, das es aufzudecken gilt. Noch einmal: Es geht um die Verzerrung der Symbolisierungsprozesse bei dem Kind unter dem Einfluss der vom Träger des Geheimnisses nicht geleisteten Aufarbeitung. Man muss sich auf das Leid konzentrieren, das aus diesem Zwiespalt erwachsen ist, denn auf der Grundlage dieses Leidens hat sich die Persönlichkeit des Kindes herausgebildet. Als Wegweiser können dem Therapeuten dabei die Symptome dienen, die sich bei dem Patienten unter dem Einfluss des Geheimnisses herausgebildet haben. Nur dieser Weg ermöglicht einen Zugang zu den Verzerrungen der Symbolisierungsprozesse, die das Seelenleben und zugleich das Beziehungsgeflecht dieser Person geprägt haben.

Der Königsweg zur Entschlüsselung eines Geheimnisses, zu dem nicht einmal der Patient den Schlüssel hat und das seine Vorfahren betrifft, ist folgender: den Patienten nach seinen Kindheitserlebnissen zu fragen und ihn zu ermutigen, seine Gefühle zu der Zeit, als die Beziehungen innerhalb der Familie gestört waren, wieder zu entdecken. Dieses gefühlsmäßige Sicherinnern an schmerzliche Situationen in der Kindheit deckt außerdem die tiefer liegenden Gründe von Entscheidungen auf, die jeder in seinem Privat- und Berufsleben getroffen hat. Denn in diese Entscheidungen fließen immer Gefühle und ungelebte Bilder und Vorstellungen ein, die die Beziehung zu einem gespaltenen Elternteil geprägt haben. Solche Enthüllungen sind stets schmerzlich. Man glaubte, seine Entscheidungen aus freiem Willen getroffen zu haben, und stellt nun fest, dass sie mehr vom Seelenleben der Eltern als von dem eigenen bestimmt wurden.

Wichtig ist, nicht bei der Entmutigung stehen zu bleiben, die auf eine solche Erkenntnis folgt. Denn auch wenn wir dazu verdammt sein mögen, Entscheidungen zu treffen, die nicht allein die unseren sind, so liegt es doch bei uns, sie frei zu treffen. Das ist kein Paradox. Sicher, unsere Entscheidungen im Gefühls- oder Berufsleben werden nicht allein von unserem freien Willen bestimmt. Doch die Einsicht, dass unbewusste Gründe dahinter stehen können, macht es uns möglich, anders mit ihnen umzugehen. Ideal wäre es, wenn jeder in jedem Augenblick seinem Leben in dem Maße, in dem er zu einem tieferen Verständnis unbewusster Determinierungen kommt, eine neue Richtung geben könnte. Unglücklicherweise werden berufliche Veränderungen ab einem bestimmten Alter schwierig, und Änderungen im Gefühlsleben sind immer schmerzlich. Darüber hinaus hängt, wenn ein Erwachsener sich in Hinblick auf ein Familiengeheimnis neu orientiert, sein Verhalten nicht einzig und allein von dem ursprünglichen Geheimnis ab. Die Spuren seiner persönlichen Erfahrungen – anders gesagt: seines Seelenlebens – verbinden sich mehr oder weniger harmonisch damit. Diesen Spielraum möglicher Kreativität auszuweiten ist das Ziel, das jeder anstreben muss ... Diese Kreativität kann jedoch, um es noch einmal zu betonen, nur dann freigesetzt werden, wenn man zu den Bereichen der Persönlichkeit des Kindes vordringt, die unter dem Einfluss von Geheimnissen brachlagen. Das gilt für den Patienten wie auch für den ... Therapeuten. Um die eigenen Familiengeheimnisse zu wissen, ist Voraussetzung dafür, sich mit denen anderer befassen zu können.

SCHLUSS

GEHEIMNISSE sind etwas Großartiges. Sie schützen unsere psychische und physische Integrität, unser Privatleben und das der Menschen, die wir lieben. Sie werden jedoch zu etwas Verhängnisvollem, wenn sie aus dem einen oder anderen Grund zwanghaft werden. Das Bedürfnis, ein Geheimnis mitzuteilen, befindet sich dann in ständigem Widerspruch zu der – selbst gewählten oder auferlegten – Notwendigkeit, es zu wahren. Dieser Wunsch hat nichts mit dem Inhalt dieses oder jenes Geheimnisses zu tun. Er hängt damit zusammen, dass man sich durch ein aufgezwungenes Geheimnis von seinen Angehörigen und, in weiterem Sinne, vom Rest der Menschheit abgesondert fühlt. Ein Geheimnis – jedes Geheimnis – kann einen Menschen isolieren. Jede enge Beziehung der Liebe oder auch nur Zuneigung ist hingegen getragen von dem Wunsch nach Offenheit und vollkommenem wechselseitigen Vertrauen. Das Bedürfnis, eine enge Beziehung zu seinem Partner einzugehen und alles mit ihm zu teilen, auch seine Geheimnisse, ist ein grundlegender Wesenszug der menschlichen Psyche. Ein Geheimnis zu bewahren bedeutet, dieser Ursehnsucht zuwiderzuhandeln. Daher hat jeder, der ein Geheimnis hütet, ständig das Bedürfnis, sich davon zu befreien. Dieses Bedürfnis hat zunächst nichts damit zu tun, ob das Geheimnis schmerzlich ist oder nicht, auch wenn dies oft der Fall ist. Entscheidend ist vielmehr, dass die Spaltung der Psyche und das Leiden, das damit einhergeht, zur Entstehung neurotischer Strukturen führen, die das Geheime auf unterschiedliche Weise «durchsickern» lassen.

Für denjenigen, der es mit einem Elternteil zu tun hat, der aufgrund eines Geheimnisses oder eines schmerzlichen Ereignisses, über das er nicht sprechen kann, gespalten ist, verschärft sich das Problem. Denn da die Spaltung unvermeidlich auf irgendeine Weise zum Ausdruck kommt, ahnt ein Kind fast immer, dass man ihm etwas verbirgt, auch wenn es ihm nicht gelingt, herauszufinden, was dies ist oder warum man es ihm verheimlicht. Es weiß nicht, ob es das Recht hat, gewisse Dinge zu sehen, zu hören, zu empfinden und zu denken; manchmal weiß es nicht einmal, welche Bedeutung dem, was es sieht, hört, empfindet und denkt, zukommt. Das geht so weit, dass es versucht, bestimmte Wahrnehmungen, Gefühle und Gedanken in sich abzutöten … Es kann aber auch versuchen, mit Hilfe bestimmter Verhaltensweisen und Phantasievorstellungen gegen dieses Unbehagen anzukämpfen. Unglücklicherweise führen die psychischen und Beziehungsstrukturen, die sich daraus ergeben, oft zu Störungen bei den eigenen Kindern.

Aus diesem Grund darf man eines nie vergessen: Je brutaler und schmerzhafter etwas ist, das einem zustößt, desto wichtiger ist es, mit seinen Kindern darüber zu sprechen. Denn in Wirklichkeit spürt das Kind zwangsläufig die Veränderung, die bei dem jeweiligen Elternteil unter der Einwirkung eines solchen Geschehnisses stattgefunden hat. Je weniger man darüber spricht, desto mehr Raum lässt man seinen Phantasiegebilden und insbesondere seinen Ängsten. Vor allem über den Tod muss man mit seinen Kindern reden. Sie empfinden ihn oft bei weitem nicht als ein derart dramatisches Ereignis wie Erwachsene. Darüber hinaus ist es besser, unbeholfen über etwas zu sprechen, als gar nicht darüber zu reden. Schlimmstenfalls ist es immer noch besser, zu sagen, etwas Schwerwiegendes sei geschehen, das uns bedrückt und über das wir noch nicht sprechen können, als zu versuchen, die Sorgen und die Niedergeschlagenheit und das Ereignis, das der Grund dafür ist, vor unserem Kind zu verbergen. In Wirklichkeit ist es das Schmerzlichste für ein Kind, sich aus seiner eigenen Familie ausgeschlossen zu fühlen und zu glauben, es selber sei daran schuld oder, noch schlimmer, es sei der Grund für das Leiden seiner Eltern.

Wenn ein Geheimnis existiert, stellt es eine Erleichterung dar, es anderen anzuvertrauen, und sei es auch nur teilweise. Dies setzt dem Gefühl des Ausgeschlossenseins auf beiden Seiten ein Ende: bei dem, der das Geheimnis für sich behalten, und bei dem- oder denjenigen, denen man es verheimlicht hatte, die dies jedoch geahnt hatten, manchmal ohne sich dies selber eingestehen zu können. Die Auflösung des Geheimnisses lässt den Wunsch nach einer vertrauensvollen Kommunikation erneut realisierbar erscheinen und gibt Grund zu neuer Hoffnung. Sie ruft ein nachhaltiges Gefühl der Befreiung hervor, das der Gewissheit entspringt, dass die Verständigungsmöglichkeit mit dem Elternteil wiederhergestellt ist. Aus diesem Grund wird es von Familienmitgliedern untereinander oft als Neuanfang in ihrer Beziehung empfunden, wenn sie einander ein Geheimnis anvertrauen.

Unglücklicherweise bedeutet diese Freude keineswegs, dass deswegen die Neigungen, die ein mit einem Geheimnis konfrontiertes Kind unter dessen Einfluss entwickelt, oder die Entscheidungen, die es getroffen hat, rückgängig gemacht werden. Ein Familiengeheimnis, von dem ein Kind lange Zeit ausgeschlossen war, hat Spuren in seiner Psyche hinterlassen, die nichts auslöschen kann. Die Folgen der Anpassung an eine verzerrt wahrgenommene Realität lassen sich nie völlig aufheben.

So positiv die Enthüllung eines Geheimnisses trotz dieser Einschränkung meist wirkt – eines darf man nie vergessen: Die Aufdeckung muss behutsam geschehen! Die schonungslose Aufklärung eines Geheimnisses wirkt sich möglicherweise wie ein Gewaltakt aus, der das Denken der betroffenen Person blockiert. Sie hat unter Umständen sogar das Gefühl, verrückt zu werden! Das ist vor allem dann der Fall, wenn das Geheimnis nicht von einem der Betroffenen enthüllt wird, sondern von einem Außenstehenden. Eine Frau, die nach dreißig Jahren mit einer solchen

Enthüllung konfrontiert wurde, berichtet, sie habe plötzlich Galaxien in einem irrwitzigen Taumel um sich selber kreisen sehen und dann Ströme, die ineinander flossen und eine Überschwemmung auslösten, die sie überflutete! Gewiss, das Geheimnis betraf ihre Herkunft. Trotz der schonungslosen Enthüllung gelang es dieser Frau, ihre Identität wiederherzustellen, indem sie sich alle Botschaften, die sie als Kind empfangen hatte, ins Gedächtnis rief – und nicht nur die «offizielle Wahrheit», an die ihre Eltern sie glauben machen wollten. Auf diese Weise setzte sie den Spaltungen ein Ende, die sie unter dem Einfluss der Gespaltenheit ihrer Eltern vollzogen hatte, und schloss mit sich selber Frieden. Ohne die Aufdeckung des Geheimnisses wäre ihr dies mit Sicherheit nie gelungen. Sie schaffte es sogar, sich ihrem Sohn gegenüber nicht mehr derart gespalten zu verhalten, was wiederum für dessen Entwicklung von Vorteil war.

Die Enthüllung von Familiengeheimnissen durch die Familienmitglieder, die sie hüteten, ist in jedem Fall besser als Schweigen. Die Krise, zu der es dabei kommt, ist immer heilsam. Im Unterschied dazu muss der Therapeut, der bei einem Patienten oder in einer Familie ein Geheimnis vermutet, zurückhaltender sein. Im Grunde kann er sich von der Aufdeckung eines Geheimnisses nicht mehr erwarten als von der medizinischen Diagnose, die er bei einem psychisch Kranken stellt. Noch nie ist ein Paranoiker durch die Eröffnung geheilt worden, er leide unter einer zwanghaften Idealisierung seines Vaters, der ihn gequält hat; ebenso wenig kann man einen Patienten, der an einer Phobie leidet, kurieren, indem man ihm erklärt, seine Entscheidungen seien ödipal geprägt.

In jedem Fall kommt es in erster Linie darauf an, zu verstehen, wie sich eine Wiederholungssituation, die ein Patient besonders intensiv empfunden hat oder die zu einem entscheidenden Zeitpunkt in seiner Entwicklung eingetreten ist, auf seine Psyche ausgewirkt hat. Auch nach der Aufdeckung eines Geheimnisses können bestimmte Auswirkungen auf die Psyche … geheim bleiben und sich über mehrere Generationen hin verheerend auswirken! Man kann Geheimnisse mit dem Unterbewusstsein vergleichen: Es besteht immer die Gefahr, dass es ganz woanders ist als da, wo wir es vermuten! Schließlich ist es unter Umständen gar nicht möglich, die mit einem Familiengeheimnis verbundene Ungewissheit je ganz zu beseitigen. Das ist vor allem dann der Fall, wenn derjenige, der ursprünglich das Geheimnis bewahrte, nicht mehr da ist, um es zu bestätigen, oder aber sich bis zum Schluss weigert, dies zu tun. Diese Ungewissheit ist umso häufiger, als man nie wirklich wissen kann, ob ein einmal enthülltes Geheimnis nicht ein anderes verbirgt, gelegentlich sogar, ohne dass der Betreffende selber dies weiß: Er glaubt, ein Geheimnis zu hüten, ist jedoch in Wirklichkeit Opfer eines Geheimnisses der vorangegangenen Generation, das er nicht kennt.

Es zeigt sich also, die Einsicht, dass Geheimnisse stets negative Auswirkungen haben, bedeutet keineswegs, dass der Therapeut – eines Einzelpatienten, eines Paares oder einer Familie – sich das Ideal des «Alles-Sagens» zu Eigen machen muss. Erstens kann die Enthüllung eines Geheimnisses im Verlauf einer Therapie nur das Ergebnis eines Arbeitsprozesses sein. Dies könnte man sich in etwa so vorstellen, dass man die Dämme – anders gesagt: die Abwehrmechanismen des Einzelnen, des Paares oder der Familie – verstärken muss, ehe man die Schleusentore des Geheimnisses öffnet! Außerdem muss ein Therapeut wissen, dass er nie «alles» weiß und dass im Fall von Geheimnissen das Wenige, das er weiß, immer vom Zufall abhängig ist. Genauso wie ein mit einem Geheimnis konfrontiertes Kind kann der Therapeut nie sicher sein, ob seine Schlussfolgerungen richtig sind.

Und schließlich geht es, wie wir wiederholt gesehen haben, in erster Linie darum, die Auswirkungen eines Geheimnisses unabhängig von seinem Inhalt zu verstehen und zu analysieren. Allerdings ist wichtig, dass der Therapeut immer darauf hinweist, wenn er ein Geheimnis vermutet. Um es noch einmal zu wiederholen: Auf die Existenz eines Geheimnisses aufmerksam zu machen bedeutet nicht, seinen Inhalt zu offenbaren, der im Übrigen ohnehin meistens hypothetisch bleibt. Und schließlich ist die einzige Gewissheit, die ein Therapeut je haben kann und mitteilen muss, wenn es um die Geschichte eines Geheimnisses geht, die, dass irgendwann einmal irgendjemand irgendetwas verheimlicht hat. Diese einfache Feststellung klingt zwar bescheiden, hat jedoch beträchtliche Auswirkungen. Sie ermöglicht es, auf die Spaltungen der Persönlichkeit Einfluss zu nehmen, die ein Geheimnis sowohl seinen Trägern wie auch seinen «Opfern» aufgezwungen hat. Sie ermöglicht es dem durch das Geheimnis vergewaltigten, gequälten Kind, von seinen Zweifeln und Fragen zu sprechen und auf diese Weise seine Sprache wiederzuerlangen. Und sie bringt uns dazu, dass wir uns immer wieder erneut die Frage stellen, welche Konsequenzen solche Geheimnisse und die oft unbewussten Hilfskonstruktionen, die sich über mehrere Generationen hinweg daraus ergaben, für die anderen und für uns selber haben.

BIBLIOGRAPHIE

Abraham, N. und *M. Torok*, L'Ecorce et le Noyau. Paris: Aubier, 1978 (Neuauflage bei Flammarion, 1987).

Ancelin-Schützenberger, A., Aïe, mes aieux! Paris: Epi La Méridienne, 1993.

Bergmann, M. und *H. Jucovy*, Generations of the Holocaust. New York: Basic Books, 1982. Dt.: Kinder der Opfer, Kinder der Täter: Psychoanalyse und Holocaust. Frankfurt am Main: Fischer, 1995.

De Mijolla, A., Les Visiteurs du Moi. Paris: Les Belles Lettres, 1981.

Hachet, P., Les Toximanes et leurs Secrets. Paris: Les Belles Lettres, 1996.

Nachin, Cl., Le Deuil d'amour. Paris: Éditions universitaires, 1989.

– Les Fantômes de l'âme. À propos des héritages psychiques. Paris: L'Harmattan, 1993.

Snyders, J. C., Drames enfouis. Buchet-Castel: Ed. Pierre Zech, 1996.

Tisseron, S., Tintin chez le psychanalyste. Paris: Aubier-Archimbaud, 1985.

– Tintin et les Secrets de famille. Paris: Séguier, 1990 (Neuauflage bei Aubier, 1992).

– Tintin et le Secret d'Hergé (1993; Hors Collection).

– La Honte, psychanalyse d'un lien social. Paris: Dunod, 1992.

– (Hrsg.) Le Psychisme à l'épreuve des générations. Paris: Dunod, 1995.

Vigouroux, F., Le Secret de famille. Paris: Presse universitaire française, 1993.

ZEITSCHRIFTEN

Du secret. In: Nouvelle Revue de psychanalyse, 1975, Nr. 14.

Le dialogue et le secret. In: Dialogue, 1988, Nr. 100.

Confidences et secret. In: Le Groupe familial, Juli-September 1991, Nr. 132.

Le secret. In: Connexions, Eres, 1992.